Gregor Heiss

31

... Erfolg ist kein Geheimnis

Gewidmet
allen Lebensträumen und der Kraft,
sie zu verwirklichen …

… die jeder von uns in sich trägt.

5. Auflage 2023

www.gregorheiss.com
www.business-bestseller.com

Grafische Ausstattung: Katja-Evelyn Gasser, business bestseller VerlagsgmbH
Druck und Buchbindung: Finidr s.r.o., Tschechische Republik

ISBN 978-3-9503868-0-6

31

Inhalts-
verzeichnis

Inhalts-
ver-
zeichnis

Ihren persönlichen Gutscheincode für den Gratis-Download des Hörbuchs finden Sie auf Seite 217.

Für Lara und Denis Kaya,
damit ihr niemals aufhört zu wachsen
und euch zu entwickeln …

… denn wirklich leben heißt,
immer wieder den Versuch zu wagen,
seine ureigensten Träume
zu verwirklichen.

Gebrauchs-anleitung

Der Weg zum Erfolg war niemals ein Geheimnis und auch kein schmaler, unterirdischer Gang ~ er war und ist heute noch viel mehr eine breite Autobahn. Diese Autobahn zum Erfolg wurde schon tausendfach von vollkommen unterschiedlichen Menschen vor Ihnen befahren, und die Gesetze der Erfolgreichen sind stets identisch geblieben. Es kommt nur darauf an, sich auf dieser Autobahn nicht zu verfahren, nicht zu früh eine vermeintliche Abkürzung nehmen zu wollen, um dann doch nur in einem Stau zu landen, oder gar als Geisterfahrer die entgegengesetzte Fahrspur entlang zu rasen.

Wenn Sie den Wegweisern in diesem Buch folgen, befindet sich am Ende dieser Autobahn jedoch kein Parkplatz voll Glück und Geld – sondern viel mehr: ganzheitlicher Erfolg. Also beruflicher, gesundheitlicher und privater Erfolg. Denn wenn auch nur einer davon fehlt, verlieren die beiden anderen schnell an Wert. Und deshalb macht auch nur die Kombination von allen dreien, also ganzheitlicher Erfolg, wirklich Spaß.

Diese Art von Erfolg zu haben, ist keine Magie! Es ist lediglich das Ergebnis einer bestimmten Art zu denken ~ und in Folge dessen, einer bestimmten Art zu handeln. Auf dem Weg dorthin ist dieses Buch Ihr Reiseführer. Dabei käme niemand auf die Idee, einen Reiseführer zu Hause zu lesen und sich dann ohne ihn auf die Reise zu begeben ~ man hat ihn immer bei sich. Und genau so ist dieses Buch konzipiert. Was bedeutet das konkret?

Manche Menschen wünschen sich so sehr, das Geheimnis des Erfolges zu finden, dass sie enorme Anstrengungen auf sich nehmen, um es zu entdecken ~ und scheitern meist, weil sie an den falschen Stellen suchen. Denn die wertvollsten Eigenschaften für Erfolg befinden sich an einem Ort, der nur Ihnen selbst zugänglich ist. Einem Ort, der immer schon da war. Einem Ort, an dem die Meisten niemals nachsehen würden. Und dieser Ort befindet sich nicht draußen, in der großen, weiten Welt, lebensfeindlich und bewacht von einem feuerspeienden Drachen – er befindet sich in Ihnen. Genauer gesagt in Ihrem Kopf. Dort, wo Ihre Gedanken zuhause sind. Dort, wo auch Ihre Schwächen und Gewohnheiten zuhause sind, die Ihnen manchmal im Weg stehen. Dort, wo die Ursache für all das liegt, was Sie heute sind und für all das, was Sie in Zukunft sein werden. Und bewacht wird dieser Ort höchstens von einem Drachen, der Ihnen selbst zum Verwechseln ähnlich sieht!

Ganzheitlicher Erfolg bedeutet also nicht, auf der Autobahn des Erfolges herumzustehen und andere beim Vorbeifahren zu beobachten. Es bedeutet, seine momentane Position zu verlassen und sich selbst zu bewegen – und das gilt natürlich an erster Stelle für die Ursache all Ihres Handelns – Ihre Gedanken!

Erfolg ist also nichts Mystisches, das einem widerfährt oder auch nicht. Sie selbst entscheiden, wie viele neue Gedanken Sie in Ihrem Kopf zulassen – jeder davon wird Sie ein Stück weiterbringen auf Ihrer Autobahn, wird Sie stärken und Sie näher an Ihr Ziel bringen. Die Erfahrungen aus tausenden Seminaren haben gezeigt, dass in vielen weit mehr Potenzial schlummert, als sie selbst meinen. Träumen Sie nicht länger vom Erfolg anderer oder von späteren Erfolgen. Sie alleine sind verantwortlich dafür, sich zu holen, was und wann Sie es gerne hätten. Die hilfreiche Frage lautet dann nur noch: Wie komme ich von da, wo ich jetzt bin, dorthin, wo ich gerne sein würde?

Nun ~ wenn ich auf der Autobahn in die falsche Richtung fahre, schon mal nicht! Und diese falsche Richtung bedeutet, denen Gehör zu schenken, die mir einzureden versuchen, ich bin halt so wie ich bin und daran lässt sich leider nichts ändern, oder, noch schlimmer ~ und damit schon geisterfahrergefährlich unterwegs ~ das auch noch selbst zu glauben. Denn nichts ist weiter von der Wahrheit entfernt als dieses Denken. Dahinter stehen zwei Annahmen: zum einen das „Jeder-Mensch-muss-sich-so-annehmen-wie-er-ist-und-kann-aus-sich-nicht-etwas-anderes-machen-Gedankengebäude“, das ich in diesem Buch schwerst erschüttern und anschließend dem Erdboden gleichmachen werde. Zum anderen der Gedanke „Ich-würde-mich-ja-gerne-weiterentwickeln-und-Dinge-an-mir-verändern-aber-ich-weiß-nicht-was-und-vor-allem-nicht-wie!“

Dieser „Reiseführer“ ist die Antwort auf beides – sowohl auf das „Was“ als auch auf das „Wie“.

Haben Sie je ein Buch gelesen, das Sie nachdenklich gemacht hat und Sie waren anschließend motiviert, Dinge in Ihrem Leben zu verändern? Oder nach einem guten Film, einem inspirierenden Gespräch oder einem besonderen Seminar? Und – haben Sie all diese Dinge, die Sie sich vorgenommen haben, dann auch umgesetzt? Wahrscheinlich nicht. Wahrscheinlich ist das meiste mit der Zeit auf der Strecke geblieben. Der einfache Mechanismus, der sich dahinter verbirgt und dem Sie zum Opfer gefallen sind, lautet: Sie hatten einen Tag Zeit, sich zu motivieren, bestimmte Dinge zu tun oder zu unterlassen, und dann hatten Sie 364 Tage Zeit, es wieder zu vergessen!

Was gefehlt hat, war ein System. Ein System, das Sie täglich an Ihr Vorhaben erinnert – und zwar so lange, bis es zur Gewohnheit wird. Bezogen auf unseren Körper hat unser Gehirn das längst begriffen. Ohne Regelmäßigkeit, ohne Systematik ginge da gar nichts. Sie würden den nächsten Absatz nicht überleben. Unser Herz schlägt nicht nach Lust und Laune oder wenn Sie es daran erinnern, sondern regelmäßig. Das gleiche gilt für unsere Atmung oder für das Schlagen unserer Augenlider. Es gilt für das Entstehen von Killerzellen in unserem Immunsystem ebenso wie für die in jeder Sekunde millionenfach laufende Neuproduktion unserer roten Blutkörperchen.

„Regelmäßig" heißt das Zauberwort des Lebens, ohne das Leben gar nicht möglich wäre! Und für ein erfolgreiches Leben benötige ich eben Erfolg bringende Regelmäßigkeiten. Und dafür brauche ich ein System. Ein System, das meine Aufmerksamkeit auf die richtigen Dinge lenkt. Die Kunst der Erfolgreichen, die 364 Tage nicht dafür zu verwenden zu vergessen, sondern dafür, ihren Gedanken auch Taten folgen zu lassen, besteht darin, ihre Aufmerksamkeit bewusst auf ihre Ziele hin zu steuern.

Was bedeutet das? Stellen Sie sich vor, Sie würden jeden Morgen Ihre Aufmerksamkeit kurz darauf richten, wie schön es ist, Ihr Umfeld auf irgendeine Art zu überraschen. Oder darauf, wie angenehm der Kontakt zu Menschen ist, die auch in schwierigen Situationen gelassen und souverän sind, lächeln und Freude ausstrahlen. Ist es nicht selbstverständlich, dass Sie nach wenigen solcher Morgen selbst öfter Ihr Umfeld positiv überraschen, selbst souveräner im Umgang mit schwierigeren Situationen und auch selbst freudestrahlender durch den Tag laufen werden? Und das ist die ganze Zauberei! Das, worauf Sie sich entscheiden, Ihre Aufmerksamkeit zu lenken, bestimmt die Qualität Ihres Tages und Ihres Lebens, Ihre Entwicklung und Ihren Erfolg!

Wenn es also je so etwas wie ein Geheimnis um den Erfolg gegeben haben sollte, dann lautet es: „Schaff dir ein System!"

Ein System, das Ihre Aufmerksamkeit auf einen Weg lenkt, der in ein Land führt, in dem Milch und Honig fließen.

Ein solches System können Sie mühsam für sich selbst entwickeln, oder Sie nutzen das, das Sie gerade in Ihren Händen halten. Denn dieses Buch ist genau dieses System. Dafür ist es geschrieben worden: 31 Tage haben die meisten Monate ~ und 31 Geschichten hat dieses Buch. Eine für jeden Tag.

In jeder Geschichte steckt eine Nachricht bzw. ein Werkzeug – manchmal liegt es ganz offen vor Ihnen, glasklar wie eine Winterlandschaft in den Bergen an einem strahlenden Dezembertag – und manchmal, zu Beginn noch ein wenig undeutlich wie das eigene Spiegelbild in einem See in den jemand einen Stein geworfen hat und erst zu erkennen, wenn sich die Wellen . . . des eventuell ertappten Egos . . . wieder gelegt haben.

Natürlich können Sie dieses Buch lesen wie jedes andere auch und ich hoffe, Sie kommen dann mit jedem neuen Werkzeug Ihrem Ziel einen Schritt näher. Aber mehr als Hoffen würde ich dann auch nicht.

Oder ~ Sie nützen die Systematik zielgerichteter Aufmerksamkeit für Ihren Erfolg und lesen jeden Tag nur eine Geschichte. Am Ersten eines jeden Monats immer die erste, am 15. die fünfzehnte und am 31. die einunddreißigste

Geschichte ~ und im Februar haben Sie sogar drei Geschichten über. Das wird jeden Tag etwa 5 bis 8 Minuten Ihrer Zeit in Anspruch nehmen. 5 bis 8 Minuten für weit mehr als 5 bis 8 Jahre Erfolg, Spaß und Zufriedenheit. Denn wenn Sie das nicht nur einen oder zwei Monate lang machen, sondern über einen längeren Zeitraum, dann haben Ihre Träume und Ziele nichts mehr mit „hoffen" zu tun.

Wenn Sie die Systematik, die Grundregeln und die dargestellte Denkweise hinter den Geschichten erkennen und lernen, verinnerlichen und konsequent umsetzen, werden diese Regeln in Ihr Unterbewusstsein übergehen und zum Automatismus werden. Und so wie andere Menschen ohne große Anstrengung „aus dem Bauch heraus" gemütlich, bequem und erfolglos sind, können Sie sich zu jemandem entwickeln, der ebenfalls „aus dem Bauch heraus" dynamisch, energiegeladen und erfolgreich ist.

Nutzen Sie dieses Buch als Ihren persönlichen Reiseführer! Als Reiseführer für eine Entdeckungsreise, von der Sie als ein Anderer zurückkehren werden ~ mit neuen Erlebnissen, neuem Wissen und neuen Gedanken. Und am Ende werden Sie erkennen, dass es bei dieser Reise nicht darum geht, den Sinn des Lebens zu finden, sondern darum, Ihren Kopf so zu benützen, dass Sie den Weg zu einem glücklichen, erfolgreichen und zufriedenen Leben finden.

Vor allem aber, werden Sie bei dieser Reise noch etwas anderes erkennen: dass es am Ende auch nicht darum geht, was Sie aus diesem Buch herausziehen, sondern darum, was das Buch aus Ihnen herauszieht!

Und nun beginnt Ihr Abenteuer ~ klopfen Sie den Staub aus Ihren Klamotten und los geht's – die Autobahn entlang.

31 Wegweiser warten auf Sie!

01

Wegweiser mit Tarnkappe

Wegweiser
mit Tarnkappe

01

Ein Fehler ist etwas Falsches! So hat man es uns beigebracht. Wenn nicht zuhause, dann spätestens in der Schule. Und diese logisch zwingende Erkenntnis haben unsere Eltern in deren Schule auch schon gelernt, und unsere Großeltern und unsere Urgroßeltern und deren Urgroßeltern ebenfalls. Und wenn jemand etwas falsch macht, dann muss er natürlich auch bestraft werden – mit schlechten Noten, Nachsitzen, einer „gesunden Ohrfeige", Hausarrest, Liebesentzug und allen anderen erzieherisch wertvollen Konsequenzen, die so wirksam auf uns niedergeprasselt sind.

Sie meinen, das hätte man auch anders machen können? Ohne physische oder psychische Schläge? Sie glauben, es hätte nichts gebracht? Seien Sie nicht so pessimistisch! Wir haben dadurch immerhin eine lebenslange Prägung davongetragen – wir haben Angst! Angst, Fehler zu machen! Und diese Angst hat weitreichende Folgen.

Dabei geht es gar nicht so sehr um die Angst vor dem Fehler, sondern vielmehr um die Angst danach. Die Angst, wie wir uns fühlen werden oder andere uns sehen könnten – die Angst als unfähig, dumm, inkompetent oder unzuverlässig, als Versager, Loser oder unzulänglich dazustehen …

Und diese Angst, nicht mehr so makellos wahrgenommen zu werden wie zuvor, diese Angst, dass das sorgfältig womöglich über Jahre aufgebaute Selbstbild Risse bekommen könnte, diese Angst hat zwei furchtbare Konsequenzen. Erstens erstickt sie jegliche Kreativität im Keim, jede Lust auf Neues und Unbekanntes aus Angst, es könnte etwas schiefgehen. Sie erstickt jeden Forscherdrang, jede Ambition, etwas einfach mal auszuprobieren und damit die Möglichkeit, Neues zu entdecken sowie sich und seine Fähigkeiten zu entwickeln. Zweitens führt sie dazu, Fehler, die trotzdem noch passieren, zu vertuschen, weit aus dem eigenen Verantwortungsbereich oder überhaupt anderen in die Schuhe zu schieben.

Was würden all diese „ein-Fehler-ist-etwas-Falsches-Protagonisten" wohl dazu sagen, wenn sie erfahren würden, dass eines der Hauptmerkmale, an denen man erfolgreiche Menschen erkennt, genau das ist: Sie machen viele Fehler. *Erfolgreiche machen oft sogar mehr Fehler als Erfolglose.* Aber sie machen die Fehler richtig!

Was heißt das denn jetzt, einen Fehler „richtig machen"? Nun, nachdem die meisten Menschen glauben, ein Fehler wäre etwas Falsches, machen sie sich anschließend Selbstvorwürfe, anstatt in dieser Zeit den Fehler zu Ende zu machen. Denn ein Fehler ist eben nicht etwas Falsches. Ein Fehler, und das steckt sogar schon leicht ersichtlich im Wort, ist etwas Fehlendes! Denn hätte mir nicht etwas gefehlt, hätte ich diesen Fehler ja auch nicht gemacht. *Deshalb hat auch jeder Fehler einen Sinn.*

Den gleichen Sinn wie etwa ein Wegweiser in einem unbekannten Gelände – er zeigt mir, wohin der Weg geht, wohin ich zu gehen habe. So wie der Fehler ~ er zeigt mir, wo ich Entwicklungs-, Verbesserungs- oder Lernpotenzial habe.

Die einzig legitime Reaktion auf einen Fehler ist deshalb, sich die Frage zu stellen: „Was hat mir gefehlt, was dazu geführt hat, diesen Fehler zu machen? War es fehlendes Wissen, eine fehlende Fähigkeit oder eine bestimmte Art zu denken, die mir fehlte?" Und daraus ergibt sich jetzt Ihr nächster Schritt: „Woher bekomme ich dieses Wissen? Wie kann ich mir diese Fähigkeit aneignen? Welche meiner Denkgewohnheiten steht mir im Weg und werde ich durch zielbringendere ersetzen?"

„Den Fehler hätte ich mir schenken können", höre ich oft in Gesprächen mit Seminarteilnehmern. Wissen Sie was? Dann tun Sie's doch auch: Schenken Sie sich den Fehler. Aber im wahrsten Sinne des Wortes! Tun Sie mit ihm das, was Sie mit anderen Geschenken auch tun würden – packen Sie ihn aus! Und dann schauen Sie, was sich unter der Verpackung verbirgt. Wie erwartet ~ ein Geschenk! Jetzt sehen Sie sich dieses Geschenk genau an – es ist eine Information! Und zwar darüber, was Ihnen gefehlt hat und das können Sie sich jetzt beschaffen. Es wird immer eines davon oder eine Kombination daraus sein: Wissen, Fähigkeit oder Denken.

Finden Sie's heraus, besorgen Sie es sich oder ändern Sie's!

Erfolgreiche Menschen machen im Leben mindestens ebenso viele Fehler wie die Erfolglosen. Aber sie machen niemals den gleichen Fehler zweimal. Sie lernen daraus und verbessern sich dadurch. Die anderen wiederholen immer dieselben Fehler und kommen somit kaum oder gar nicht von der Stelle.

Sie sehen also, es ist niemals ein Fehler, Fehler zu machen. Es ist jedoch ein fataler Fehler, Fehler zu vertuschen – denn dann kann ich nichts mehr aus ihnen lernen. Der allergrößte Fehler ist es jedoch, Fehler nicht richtig zu machen, nicht vollständig, nicht zu Ende, und dem Fehler damit seinen Sinn zu rauben. Denn erst wenn ich die Fragen „Wer ist Schuld?" oder „Wie konnte mir das nur passieren?" bereit bin auszutauschen gegen die Frage „Was hat mir gefehlt?", werde ich begreifen, dass es genau dieser Fehler war, der mir fehlte, um das zu lernen, was ich brauche!

Alle Menschen, die es im Leben zu etwas gebracht haben, die ganzheitlich erfolgreich sind, werden Ihnen eines bestätigen: Ihre Erfolge haben sich gut angefühlt und ihnen ein starkes Selbstwertgefühl beschert, aber gelernt und weiterentwickelt zu dem, der sie heute sind, haben sie sich durch ihre Fehler!

Lernen tut man von den Gipfeln, die man nicht ersteigt!

Haben Sie Angst vor Geschenken? Nein, das haben Sie nicht! Sie freuen sich über Geschenke! Und genauso machen Sie das jetzt auch mit Ihren Fehlern ~ freuen Sie sich darauf ~ auf dem Weg zu Ihren Träumen und Zielen sind sie Ihre Wegweiser! Folgen Sie Ihnen – glauben Sie mir, es lohnt sich!

02

Eigentor im Kopf

Eigentor im Kopf

Was glauben Sie – der Mann, der den ersten Motor erfunden hat, den es auf dieser Welt gab – glauben Sie, er hat sich vorher vorgestellt, wie es denn sein wird, wenn ihm das gelingt, oder glauben Sie, er hat sich gedacht, nette Träumerei, aber vollkommen unrealistisch?

Was, meinen Sie, ging in der ersten Frau vor, die alle 14 Achttausender der Welt ohne künstlichen Sauerstoff bestiegen hat? Spätestens als sie zum letzten Gipfel, den es dafür noch zu bezwingen gab, hinaufsah? Meinen Sie, sie konnte sich vorstellen, dort oben zu stehen oder meinen Sie, ihre Gedanken kreisten darum, dass ja noch nie eine Frau vor ihr Derartiges geschafft hat und es deshalb ganz und gar unrealistisch ist?

Wie, denken Sie, sah und sieht es in den Köpfen all der Menschen aus, denen wir Dinge zu verdanken haben wie elektrisches Licht, Mobiltelefone, Computer, Internet, Fernseher, Kugelschreiber, Daunenjacken, Schokolade, Skilifte oder Sonnenbrillen? Denn vor nicht allzu langer Zeit waren all diese Dinge vollkommen unrealistisch.

Wie realistisch, denken Sie, war das erste Auto auf dieser Welt, bevor es das erste Auto auf dieser Welt gab? Erraten? Genau!

Es war vollkommen unrealistisch! Zumindest für so gut wie jeden Menschen ~ außer für einen ~ oder ein kleines Team. Der oder diejenigen wussten genauso, dass es bisher noch kein Auto gab, aber das hielt sie nicht davon ab, sich vorzustellen, was wäre wenn? Hätten sie es nicht getan, würden wir heute maximal mit dem Fahrrad fahren. Oder, noch viel wahrscheinlicher, zu Fuß gehen, denn wie realistisch war denn das erste Fahrrad auf dieser Welt bevor es das erste Fahrrad auf dieser Welt gab?

Merken Sie was? Egal, was Sie heute in die Hand nehmen, benützen, gebrauchen, ein- oder ausschalten, das alles war irgendwann noch nicht da und damit unrealistisch! Aber – und das ist unser Glück – es gab immer schon Menschen, die eines ahnten, vielleicht sogar wussten: Nur weil ich mir etwas nicht vorstellen kann, ist es deshalb noch lange nicht unrealistisch. Allerdings nur, wenn ich es mir vorstellen kann, obwohl es noch nicht da ist, kann ich es auch Realität werden lassen! Das gilt nicht nur für Produkte und Dienstleistungen, sondern auch für jede Art von angestrebtem Erfolg.

Dafür braucht es allerdings eine Erkenntnis, die dem gewöhnlichen Denken zuwider läuft. Denn das eigentliche Übel kommt ja erst: dass es fast schon zum gesunden Menschenverstand gehört, nicht nur all das, was man sich nicht vorstellen kann, als unrealistisch zu bezeichnen, sondern dieses „unrealistisch" dann auch noch mit „unmöglich" gleichzusetzen. Und sobald das geschieht, besteht – an sich rational anschlussfähig – auch keine Notwendigkeit mehr, irgendetwas zu tun, um dieses vermeintlich Unrealistische doch noch irgendwie umzusetzen – es ist ja unmöglich! Die Meisten merken dabei gar nicht, dass das Einzige, das ihnen im Weg steht, um ihre Ziele zu erreichen, ihre eigenen Gedanken sind!

Wie kommen wir aus dieser Nummer nun wieder raus?

Mit folgender Frage: „Was genau bedeutet denn unrealistisch?“ Es bedeutet, dass etwas nicht real ist, also nicht existent, nicht wirklich. Nun, das Wort „wirklich“ hat denselben Stamm wie das Wort „Wirkung“ – und um eine Wirkung zu erzielen, das ist das Prinzip des Lebens und das haben wir spätestens im Physikunterricht in der Schule explizit gelernt, braucht es eine Ursache. Ohne Ursache, keine Wirkung!

Was heißt das also?

Es heißt, dass Dinge auf dieser Welt solange unwirklich bleiben, bis jemand die entsprechenden Ursachen setzt, um sie wirklich zu machen. Und was für die ganze Welt gilt, gilt selbstverständlich auch für jeden einzelnen Menschen. Und damit natürlich auch, nein, sogar ganz besonders, für Sie! Warum? Weil wir gerade ein universelles Gesetz für jede Art von Erfolg kennengelernt haben. Nur, weil Sie es sich nicht vorstellen können, ist etwas, das Sie gerne erreichen würden – finanziell, privat, beruflich, gesundheitlich – noch lange nicht unmöglich.

Es ist nur unrealistisch – also noch nicht real, nicht wirklich. Aber wie auch? Sie haben im alten Glauben daran, Unvorstellbares wäre unrealistisch und Unrealistisches unmöglich, einfach noch nicht die nötigen Ursachen gesetzt. Und welche sind das?

Keine Sorge, auf die kommen Sie ganz von selbst, sobald Sie anfangen sich das, was Sie bisher für unrealistisch und unmöglich hielten, als realistisch und als möglich vorzustellen.

Was für den Traum vom ersten Motor und für den von bezwungenen Achttausendern gilt, gilt auch für Ihren Traum-Partner, Ihren Traum-Job, Ihr Traum-Haus, Ihre Traum-Figur, Ihre Traum-Reise und alles andere, wovon Sie sonst noch träumen. „Träume sind Schäume", sagt man. Stimmt! Für all diejenigen, die nicht wissen, dass Träume Vorstellungen sind und nur Vorstellbares Realität wird. Überlassen Sie den anderen den Schaum und kümmern Sie sich stattdessen um die Ursachen für Ihre zukünftige Wirklichkeit.

Sie werden staunen, was dann alles realistisch wird!

03

Nein für Nein zum Erfolg

Wussten Sie, dass es ein Wort gibt, vor dem die meisten Erwachsenen Angst haben oder das sie zumindest schwer verunsichert? Ein einziges Wort, noch dazu ein ganz kleines. Es besteht nur aus vier Buchstaben und kann dennoch mehr Wirkung entfalten als eine ganze Rede. Ein Wort, das ganz leicht auszusprechen ist und das einem doch in einem einzigen Augenblick den Boden unter den Füßen wegziehen kann. Ich rede vom Lieblingswort aller Eltern und all derer, die sich mit unerwünschten Heiratsanträgen konfrontiert fühlen: Ich rede vom „NEIN".

„NEIN", kaum ein Wort hat eine solche Macht über unsere Gefühle, kann eine derartige Welle von Emotionen in uns auslösen. Was für ein Wort! Das Wort, das jeder Vertriebsmitarbeiter, jeder Außendienstler und jeder Verkäufer fürchtet wie der Teufel das Weihwasser.

„Was für ein Glück", denken Sie sich jetzt vielleicht – „ich bin ja kein Verkäufer." Doch sind Sie! „Bin ich?" Ja, sind Sie! Vielleicht verkaufen Sie nicht direkt im Außendienst oder in einem Geschäft, aber Verkäufer sind Sie auf jeden Fall. Als Eltern verkaufen Sie Ihren Kindern mit allen möglichen Geschichten, wie gut gesunde Sachen schmecken, als Chef Ihren Mitarbeitern, warum sie Ihnen folgen sollen. Frisch verliebt, verkaufen Sie sich als der ideale Partner und bei der Bewerbung in einem neuen Unternehmen als der perfekte Mitarbeiter. Wir verkaufen unser Wissen, unsere Fähigkeiten, unsere Talente und Begabungen. Wir verkaufen uns auf die eine oder andere Art tagtäglich als zuverlässig oder belastbar, kreativ oder interessiert, durchsetzungsfähig oder Teamplayer, guter Zuhörer oder Macher.

Aber ~ als was auch immer wir uns selbst, Produkte oder Dienstleistungen verkaufen, eines tut immer weh, manchmal sogar physisch – wenn all unsere Bemühungen mit einem einzigen Wort zunichte gemacht werden, wenn wir ein „NEIN" bekommen. Egal, wie viele wir selbst davon verteilen – es zu erhalten, geht immer unter die Haut.

Grund dafür ist unsere Prägung, eine Sache also, die aus unserer Kindheit kommt, die ganz tief in unserem Gehirn sitzt und die uns dieses schlechte Gefühl beschert. Denn ein „NEIN" war erstens so gut wie nie von einem Lächeln begleitet, ebenso wenig von einem warmherzigen, liebevollen Ton und zu guter Letzt war es immer persönlich. Immer durfte *ich* etwas nicht, bekam *ich* etwas nicht, musste *ich* auf etwas verzichten.

Wie viele von solchen „NEINs" glauben Sie, haben Sie kassiert, bevor Sie volljährig waren? Wenn Sie selbst Kinder haben, wissen Sie, dass Sie oft zehn „NEINs" benötigen, um Ihrem Sprössling klar zu machen, dass Sie es auch so meinen.

Aber sagen wir, in Ihrer Kindheit wären es nur fünf den ganzen Tag gewesen. Das sind über 1.800 im Jahr, über 30.000 bis Sie schließlich volljährig waren!

Und jetzt sitzen Sie da mit Ihrer Prägung und lenken Ihre Energie in die völlig falschen Bahnen – nämlich: „Wie verhindere ich ein NEIN?" Nun, die Antwort darauf ist einfach und liegt auf der Hand: Fragen Sie nie jemanden nach einem „JA". Wer nicht fragt, bekommt garantiert auch niemals ein „NEIN". Allerdings – und das ist das verflixte daran – eben auch kein „JA".

Wenn Sie aber „JAs" im Leben wollen, muss die Frage anders lauten: „Wie kann ich dieser Prägung ein Schnippchen schlagen?"

Ich verrat's Ihnen: indem Sie Ihrem Gehirn ein Schnippchen schlagen. Indem Sie die „NEINs" sammeln. Wie bitte? Ja, sammeln Sie sie. In einer Liste. Ganz im Ernst – ich kenne niemanden, dem die „NEIN-Liste" nicht geholfen hätte. Der Trick dahinter ist folgender: Machen Sie sich zu dem Thema, dem Produkt oder der Dienstleistung, die Sie weiterbringen möchten, eine Quotenrechnung. Eine Rechnung also, in der Sie geschätzt oder aus Ihrer Erfahrung die Anzahl der zu erwartenden „NEINs" den zu erwartenden „JAs" gegenüberstellen. Als Architekt also beispielsweise – „An wie vielen Wettbewerben muss ich teilnehmen, damit ich einen gewinne?", als Schauspieler – „Wie oft muss ich vorsprechen, damit ich eine Rolle bekomme?", im Verkauf – „Wie viele Kunden muss ich anrufen, damit ich einen Auftrag erhalte?" und als Single – „Wie viele Frösche muss ich küssen, damit mein Prinz oder meine Prinzessin dabei ist?" Prinzip verstanden?

Und jetzt spielt es keine Rolle, ob Ihre Quote von „NEIN" zu „JA" 1:1 ist, 5:1 oder 17:1.

Mal angenommen, Sie verkaufen die Ausstellungsflächen einer Messe, Sie wollen 70 Standplätze belegen und Ihre Quote ist 4:1. Jetzt können Sie entweder die ersten 20 anrufen, frustriert feststellen, dass Sie zwar 5 Plätze verkauft, aber 15 Mal ein „NEIN" bekommen haben – also 5 Mal Freude und 15 Mal Frust – oder – Sie machen sich eine NEIN-Liste und haben 20 Mal Freude. In diesem Fall sieht das folgendermaßen aus – Sie wissen, wenn Sie 280 (= 70 x 4) Gespräche geführt haben, ist Ihre Messe ausverkauft. Sie wissen ebenfalls, dass Sie dafür 70 „JAs", aber eben auch 210 „NEINs" bekommen werden. Jetzt machen Sie sich ein Blatt, kariert mit 21 x 10 Kästchen – Ihre NEIN-Liste. Jedes Mal, wenn Sie jetzt ein „NEIN" kassieren, kreuzen Sie ein Kästchen durch. Das Gleiche gilt für Antworten wie „Ich muss darüber nachdenken" oder „Ich muss erst noch darüber schlafen". Das sind in der Regel auch „NEINs", klingen aber netter. Wenn alle Kästchen durchgekreuzt sind, haben Sie Ihr Ziel automatisch erreicht. Denn jedes durchgestrichene Kästchen, jedes „NEIN" also, bringt Sie jetzt ja schneller ans Ende der Liste und damit ans Ziel.

Der Effekt ist so einfach wie einleuchtend – über die „JAs" freuen Sie sich sowieso ganz von selbst, jetzt allerdings auch über die „NEINs". Und das wirkt sich aus auf Ihre Stimmung, Ihre Ausstrahlung, Ihre Anziehungskraft ~ und damit direkt auf Ihr Gegenüber.

Ich habe die NEIN-Liste in unterschiedlichsten Berufen und Branchen, im Privaten wie im Sport erklärt, geschult und angewandt – und sie funktioniert – immer – ohne Ausnahme!

Mag sein, dass Sie sich denken, diese NEIN-Liste, das ist doch nur ein psychologischer Trick für mein Unterbewusstsein – und wissen Sie was, Sie haben Recht. Was aber noch viel wichtiger ist – Sie erreichen damit Ihre Ziele.

Probieren Sie's aus!

04

Bäume ausreißen auf Bestellung

Bäume ausreißen auf Bestellung

04

Seit ich das mache, geht's mir unvorstellbar gut. Ich schlafe besser, wach vollkommen erholt auf, bin viel entspannter, lache mehr und den ganzen Tag über gelingt mir auch erheblich mehr." Das, was ein Seminarteilnehmer da euphorisch beschreibt, sind die Auswirkungen einer ganz einfachen Übung, die vielleicht fünf Minuten dauert, die jeder machen kann und die unter anderem zu den oben genannten „Nebenwirkungen" führt. Die Rede ist vom „Erfolgsjournal". Was ist das, ein Erfolgsjournal?

Es gibt Tage – manchmal sogar Wochen – da kommen Sie abends nach Hause, und haben das Gefühl, ob's diesen Tag jetzt gegeben hätte in meinem Leben oder nicht – spielt echt keine Rolle. Schlimmer noch als das ist, wenn Sie das Gefühl haben, heute ist sowieso alles entweder gar nicht oder schief gelaufen. Und außerdem – was heißt hier „das Gefühl haben"? Es gibt nun mal solche „bescheidenen" Tage. In der Regel folgen diesen Tagen dann ebensolche Abende und vor allem ebensolche Nächte. Dass nach einer solchen Nacht, wenn Sie aufwachen, als hätte man Sie mit dem Streitwagen dreimal um die Mauern von Troja gezogen, auch dem folgenden Morgen nichts wirklich Positives abzuringen ist, liegt auf der Hand und dass der jetzt folgende Tag, noch bevor er richtig beginnt, Anlaufschwierigkeiten hat, ein guter zu werden, ebenfalls …

Die Ursache des Problems liegt dabei gar nicht darin, dass es eben oben genannte Tage gibt. Sie liegt darin, wie wir damit umgehen. Unser Gehirn ist seit seiner Entstehung darauf geprägt, sich auf Probleme, Sorgen und Ängste zu konzentrieren – auf das, was nicht klappt, was kaputt ist, was schiefgehen könnte oder bedrohlich wirkt ~ ein Feuerstein, der kein Feuer entfacht, eine abgebrochene Speerspitze, eine falsche Jagdstrategie oder ein Eindringling in der eigenen Höhle – das zu erkennen und sich darauf zu konzentrieren war überlebensnotwendig für die menschliche Rasse. Aber das Erfolgskonzept von damals ist dank der nicht mehr lebensbedrohlichen Probleme von heute nicht mehr erfolgreich. Ganz im Gegenteil!

Wenn abends vor dem Einschlafen Ihre Gedanken durch den Tag wandern und bei den negativen Dingen und Ärgernissen hängen bleiben, nehmen Sie diese Gedanken und vor allem die damit verbundenen Gefühle mit in die Nacht. Dementsprechend schlafen Sie und dementsprechend wachen Sie dann auch auf – und dann ist nichts mit „ich könnte Bäume ausreißen", sondern eher mit „heute Nacht hat mich irgendein Baum erschlagen!"

Die Lösung: ein Erfolgsjournal!

Die Zeit vor dem Einschlafen ist eine der wichtigsten und sensibelsten für unser Wohlbefinden. Sie ist entscheidend dafür, ob Sie am nächsten Morgen wirklich ausgeschlafen sind oder Ihrem Umfeld mit „ich-brauch-erst-mal-einen-Kaffee-Gejammer" auf die Nerven gehen. Grund dafür ist der sogenannte Alpha-Zustand, in dem sich Ihr Gehirn unmittelbar vor dem Einschlafen befindet und die Gedanken, die Sie in diesem Alpha-Zustand denken, werden nachts von Ihrem Gehirn eingearbeitet und zugeordnet. Und jetzt kommt das Erfolgsjournal ins Spiel – ein Erfolgsjournal ist ein kleines Buch, am besten mit einem schönen Einband, in das Sie jeden Abend kurz vor dem Einschlafen 4 Dinge schreiben, die heute gut geklappt haben. Das muss gar nicht ausführlich sein und kann ruhig in Stichwortform erfolgen – entscheidend ist, dass Ihre Gedanken dabei automatisch auf positive Dinge gelenkt werden. Es spielt auch überhaupt keine Rolle, ob es ein beruflicher Erfolg war, etwas Privates oder Gesundheitliches – die Frage heißt nur „Was war heute gut?" Und 4 Dinge sind an jedem Tag gut – selbst wenn Sie manchmal suchen müssen und es nur Kleinigkeiten sind – finden Sie sie und schreiben Sie sie auf! Anschließend notieren Sie noch etwas in Ihrem Erfolgsjournal, und zwar: „Eine Sache, die ich heute gelernt habe!" Dass Sarkasmus im Sinne von „ich habe gelernt, dass ich mich auf niemanden verlassen kann" im Erfolgsjournal nichts zu suchen hat, versteht sich von selbst.

Was passiert dadurch? Nun, Ihnen wird klar, dass Sie jeder Tag ein Stück weiter bringt, wenn Sie bereit sind, das zu sehen und anzunehmen. Sollte ein Tag einmal wirklich gar keine neuen Erkenntnisse gebracht haben – ein guter Tipp – legen Sie sich ein Wörterbuch auf den Nachttisch und lernen Sie noch ein oder zwei Vokabeln in einer Fremdsprache. So können Sie gar nicht verhindern, sozusagen als Nebenwirkung, täglich auch noch ein bisschen klüger zu werden.

Eines noch vorab – wenn Sie nicht bereit sind und jetzt keine Lust darauf bekommen haben, das Erfolgsjournal zumindest ein Jahr lang regelmäßig zu machen – fangen Sie gar nicht erst damit an. Die Welt ist zur Genüge voll von abgebrochenen guten Vorsätzen – Sie müssen da nicht auch noch Ihren Beitrag dazu leisten.

Wenn Sie's allerdings ein Jahr machen, werden Sie keine Lust mehr verspüren aufzuhören. Und wenn Sie in Zukunft einmal was zum Lachen brauchen – blättern Sie in den Erfolgsjournalen vergangener Jahre. Wenn Sie dort unter den 4 Dingen, die gut waren, Einträge finden wie „bin unfallfrei zur Arbeit gekommen", „die Sonne schien" oder „hab mir beim Kaffee nicht die Lippe verbrannt", wissen Sie, was das damals für ein Tag war …

Noch viel schneller aber werden Sie verstehen und erleben, was Erfolgsjournal-isten schon lange wissen: „Seit ich das mache, geht's mir unvorstellbar gut. Ich schlafe besser, wach vollkommen erholt auf, bin viel entspannter, lache mehr und den ganzen Tag über gelingt mir auch erheblich mehr."

05

Sind Sie wahnsinnig?

ind Sie
wahnsinnig

05

Ich kenne Menschen, die haben auf dem vermeintlichen Weg in den Himmel des Erfolges schon alles verkauft – ihr Auto, ihr Haus, ihre letzte Würde – nur nicht ihre Produkte und Dienstleistungen – und deshalb sind sie dort oben auch nie angekommen.

Ihr Motto heißt „Durchhalten“! Durchhalten, durchhalten, durchhalten – manche bis zum Offenbarungseid. Andere schaffen das Gleiche in ihrer Beziehung. Es läuft nicht? Egal! Durchhalten! Es läuft schon seit Wochen nicht? Seit Monaten? Seit Jahren? Was soll's! Durchhalten! Das wird schon wieder. Abwarten und Tee trinken. Es wird alles nicht so heiß gegessen wie gekocht. Einfach weiter machen wie bisher ~ irgendwann macht sich das bezahlt. Ganz bestimmt.

Wie bitte, das ist schon die vierte Diät und Sie haben trotzdem noch nicht die langfristige Traumfigur? Macht nichts – durchhalten! Sie machen eh schon Sport, aber das eigene Spiegelbild ist dennoch nicht zufriedenstellend? Das wird schon noch – durchhalten! Bei der Beförderung schon drei Mal übersehen worden? Kann passieren – durchhalten! Sieben Körbe an einem Abend bekommen? C'est la vie – durchhalten! Seit Jahren eine Achtzig-Stunden-Woche mit Aussicht auf neunzig? Sie schaffen das – durchhalten! Sie sind nicht glücklich? Kaufen Sie sich ein Buch über „glücklich sein“! Und – durchhalten!

Wie, das macht keinen Spaß?

Hat das jemand behauptet? Na also, Sie sollen sich auch nicht amüsieren, Sie sollen durchhalten!

In dem Film „28 Tage", der im Mai 2000 in die Kinos kam, wird eine Schriftstellerin für ihr verantwortungsloses Leben im Rausch zwischen Disco, Tabletten, Sex und Alkohol für vier Wochen in eine Entzugsanstalt zwangseingewiesen. In der Vorbereitung auf diese schwierige Rolle verbrachte Sandra Bullock einige Zeit in einer Entzugsklinik. In einem Interview erzählte sie, was ihr einer der behandelnden Ärzte auf ihre Frage antwortete, woran er denn bei einem Patienten Wahnsinn erkenne. „Für mich bedeutet Wahnsinn", bekam sie zur Antwort, „wenn jemand immer wieder das Gleiche tut und dennoch erwartet, dass sich das Ergebnis ändert."

Wow, dachte ich, als ich dieses Interview hörte ~ wenn das so ist, dann kenn ich eine Menge Wahnsinnige!

Ja, aber ... was ist jetzt mit Durchhalten? Doch nicht, oder wie?

Ok – höchste Zeit, ein weitverbreitetes Missverständnis aufzuklären. Wer hat eigentlich die Idee gehabt, die durchaus erfolgreiche Maxime des Durchhaltens vollkommen ungeprüft auf jede Lebenssituation zu übertragen? Natürlich ist es müßig, diese Frage zu stellen, aber genau hier liegt der Hund begraben. Stellen Sie sich vor, jemand will Profiskirennläufer werden. Er trainiert jeden Tag zwei Stunden. Aber er wird einfach nicht richtig gut. Seine erfolgreichen Kollegen trainieren täglich fünf bis sechs Stunden. Das irritiert ihn nicht. Er setzt auf „Durchhalten“! Ein anderer möchte als Fußballspieler Karriere machen. Mit seiner Art Bälle anzunehmen, springen sie ihm regelmäßig von der Brust und vor die Beine des Gegners. Aber er hält durch! Und er ist überzeugt: Sein Tag wird kommen!

Glauben Sie das? Ich auch nicht. Was da passiert, hat mit Durchhalten nichts zu tun. Das ist „durchleiden“! Wenn ich von einer Sache, die für Erfolg notwendig ist, zu wenig mache, kann ich das tausend Jahre lang tun – der Erfolg wird sich nie einstellen! Das gilt im Sport ebenso wie im Beruf, im Verkauf ebenso wie in der Gesundheit, in der Beziehung ebenso wie bei der eigenen Figur. Und das Gleiche gilt, wenn ich zwar grundsätzlich genug, aber das Falsche tue. Wenn Sie in Innsbruck sind und nach Rom wollen, können Sie lange Richtung Nordsee gehen, Sie werden trotz beharrlichstem Ausschreiten nicht in Rom ankommen! Und deshalb hätte auch keiner Mitleid mit oben erwähntem Fußballer, wenn er nicht endlich begreift, dass er seine Technik ändern muss. Von unserem Pseudo-Skirennläufer ganz zu schweigen.

Wenn Sie andere Ergebnisse möchten als bisher, in welchem Bereich Ihres Lebens auch immer, *müssen Sie andere Dinge tun und, oder die Dinge anders tun. Und dafür auch anders denken!*

Nämlich darüber nachdenken, ob Ihr Durchhalten in Wirklichkeit nicht nur ein Durchleiden ist. Ob es eben nicht mehr Anstrengung braucht, um die Idealfigur zu bekommen oder mit dem Rauchen aufzuhören, fitter zu sein oder sportlich erfolgreicher. Nachdenken, ob es eben nicht eine oder mehrere Veränderungen braucht, um sich gesünder zu ernähren oder seltener krank zu werden, eine glückliche und harmonische Beziehung zu führen oder neue Freunde zu gewinnen, mehr Kunden zu akquirieren oder um dem Chef oder dem Markt wirklich ins Auge zu fallen?

Wenn Spitzensportler durchhalten, dann tun sie das ganz gezielt. Entweder in Form eines Bewegungsablaufes, den sie trainieren und der sie wie einen Marathonläufer mit jedem Schritt näher ans Ziel bringt, oder in Form einer Geisteshaltung – nämlich der Bereitschaft, das Verändern des Trainings und der Technik so lange durchzuhalten, bis sich die gewünschten Ergebnisse einstellen.

Was unterscheidet also Durchhalten von Durchleiden? Auf den Punkt gebracht: Menschen, die „durchleiden", machen einfach zu wenig von dem, was notwendig wäre – und diejenigen, die zu sich selbst ehrlich sind, wissen das meist auch selbst – oder sie quälen sich konsequent auf einem einmal eingeschlagenen Weg, obwohl er nicht zum Ziel führt.

Menschen, die „durchhalten“, tun genug von dem, was notwendig ist, und sie sind auch bereit, neue Wege auszuprobieren. Sie wissen, dass Entwicklungen und Ergebnisse manchmal Zeit brauchen ~ keine Pflanze wächst, indem man an ihr zieht!

Und Sie? Was ist mit alldem, was Sie noch erreichen möchten? Halten oder leiden Sie durch? Wenn Sie nicht sicher sind, fragen Sie jemanden, der keine Angst davor hat, Ihnen die Wahrheit zu sagen. Und wenn es dann etwas zu verändern gibt ~ ändern Sie's und freuen Sie sich! Dann wissen Sie schon mal mit Sicherheit: Sie sind nicht wahnsinnig!

06

Sie müssen das nicht lesen ...

Sie müssen nicht lesen ...

06

„Ich muss jetzt leider aufhören." Es ist schon spät am Nachmittag, meine Tochter, zu diesem Zeitpunkt gerade sieben Jahre alt, beendet ihren ersten Brief. Ich bin eben ins Zimmer gekommen und sie sitzt am Schreibtisch, gebeugt über einen etwa zur Hälfte vollgeschriebenen Briefpapierbogen. „Aus welchem Grund musst du jetzt aufhören, Lara?" „So halt!" Die Antwort befriedigt mich etwa so sehr, wie ein Mon Chéri einen Alkoholiker auf Entzug. Also noch ein Anlauf. „Da ist doch noch jede Menge Platz, wo du was schreiben könntest!" „Schon, aber ich muss jetzt aufhören." Ok – geerbte Beharrlichkeit. Mein Mon Chérie reicht mir aber noch nicht. „Weil?" „Babu!" (so nennen mich meine Kinder) – leicht genervt – „weil jetzt Hannah Montana im Fernsehen läuft und das muss ich mir anschauen." „Musst du nicht." „Will ich aber." „Aha – ok – aber ehrlicherweise solltest du dann schreiben: Ich will jetzt aufhören." „Babu!!" „Was denn?" „Ich geh jetzt fernsehen!"

Wie ist das mit Ihnen? Was müssen Sie denn alles tun? Morgens aufstehen gehört vermutlich dazu. Sie müssen duschen, eventuell Frühstück machen oder Pausenbrote für die Kinder herrichten. Sie müssen zur Arbeit fahren, einkaufen. Vielleicht müssen Sie einige Telefonate tätigen und Mails beantworten, müssen Angebote schreiben oder vor dem Heimweg noch zum Sport. Tja, und am Abend müssen Sie nach Hause.

Wir sind es so gewohnt zu „müssen", dass wir gar nicht merken, was wir damit anstellen. Unser Wohlbefinden betreffend und vor allem unser Selbstwertgefühl betreffend. Denn wer etwas muss, der hat ja keine Wahl. Der hat nicht die Freiheit der Entscheidung, er muss ja. Deshalb haben wir es als Kinder gehasst, wenn wir etwas mussten. Das Zimmer aufräumen zum Beispiel oder lernen oder – das Drama schlechthin – ins Bett. Wir wollten so schnell wie möglich erwachsen werden, um nichts mehr zu müssen. Und jetzt wo wir erwachsen sind, stellen wir fest, dass wir mit Zitronen gehandelt haben: „Ich muss jetzt ins Büro", „Ich muss dringend nach Hause, mein Mann/meine Frau/meine Kinder warten", „ Ich muss noch zum Frisör", „Ich muss noch dies und ich muss noch jenes..."

Ich hab jetzt eine entscheidende Frage an Sie: Wie fühlt sich das an ~ all das zu müssen? Nach Entspannung, Freiheit, Selbstbestimmung? Nein? Wie, glauben Sie, entwickelt sich Ihr Gefühl gegenüber Ihrer Arbeit, wenn Sie täglich sagen „ich muss jetzt dort hin"? Positiv? Wohl weniger! Wie, glauben Sie, entwickelt sich Ihr Gefühl gegenüber Ihrer Familie, Ihrem Partner, Ihren Kindern, wenn Sie täglich sagen „Ich muss jetzt nach Hause"? Meinen Sie, das verstärkt Ihre Vorfreude, Ihre Liebe, Ihre Zweisamkeit?

Wir kürzen das jetzt mal ab und machen einen Miniabstecher in die Neurologie. Es gibt Wörter, die sind einfach negativ besetzt und werden im Unterbewusstsein mit negativen Gefühlen abgespeichert. „Krieg“ ist beispielsweise so ein Wort oder „Kinderarbeit“ oder „Folter“ – das ist offensichtlich und wer sich viel mit solchen Themen beschäftigt, weiß, worauf er sich einlässt, schlechte Gefühle inkludiert. Dann gibt es aber Wörter, die kommen ganz harmlos daher und erledigen ihre selbstwirksamkeitszerstörende Arbeit heimlich, still und leise, aber mit durchschlagendem Erfolg – und dazu gehört das Wort „muss“.

Sobald unser Unterbewusstsein das Wort hört – und wenn Sie reden, hört Ihr Unterbewusstsein immer mit – werden die gleichen neuronalen Verbindungen aktiv wie damals, als Sie als Kind etwas mussten, und die gleichen Gefühle kommen wieder hoch. Nicht immer gleich auffällig und massiv – das ist ja das Gefährliche daran – sondern in homöopathischen Dosen, aber unglaublich wirkungsvoll, denn die Zeit arbeitet für das „muss“. Zehn, zwanzig, dreißig Mal am Tag nur so dahingesagt, zigtausende Male im Jahr. Und plötzlich haben Menschen das Gefühl, nicht mehr alles im Griff zu haben, Dinge haben sich verselbstständigt, die so ursprünglich nicht gedacht waren, Anspannung, Unruhe, Druck, Stress, der bei manchem sogar in einem echten Burnout endet, also einer schweren Depression. Naja – so ist das Leben – damit muss jeder zurechtkommen!

Falsch! Muss er nicht! Jeder nicht und Sie erst recht nicht! Machen wir ein kurzes Gedankenexperiment: Was passiert, wenn Sie, obwohl Sie glauben, Sie müssen, einmal nicht ins Büro gehen? Hätte das Konsequenzen? Wahrscheinlich! Wollen Sie die? Wahrscheinlich nicht. Also wollen Sie lieber ins Büro gehen als die Konsequenzen – richtig? Und was heißt das? Das heißt konsequent zu Ende gedacht, dass Sie gar nicht ins Büro müssen, sondern, dass Sie wollen! Oder – wenn Sie mit Freunden zusammensitzen, es wird spät und Sie fahren noch nicht nach Hause – obwohl Sie müssten. Bringt Sie das um? Vermutlich nicht. Aber es könnte Ärger bedeuten? Oder Diskussionen? Oder ein schlechtes Gewissen? Und das wollen Sie nicht? Sehen Sie, deshalb stehen Sie auf und fahren nach Hause. Nein, eben nicht, weil Sie müssen. Sondern, weil Sie die Konsequenzen weniger wollen, als sitzen zu bleiben. Sie tun das, was Sie wollen!

Übrigens immer! Sie sind sich dessen nur oft nicht bewusst. Und schuld daran ist das gewohnheitsmäßige „ich muss", das unserem Selbstbewusstsein permanent den Teppich unter den Füßen wegzuziehen versucht.

Machen Sie sich bitte klar: *Alles was Sie tun, wollen Sie tun!* Entweder, weil Sie es wirklich von Herzen wollen, oder, aber auch das ist Ihre freie Entscheidung, weil Sie die Konsequenzen noch weniger wollen. „Ich muss" heißt in Wirklichkeit „ich will". Wenn Sie das einmal erkannt haben und Ihre Sprache umstellen, wenn „Ich will ins Büro", „Ich will jetzt nach Hause", „Ich will mich beeilen", „Ich will dieses Projekt noch zu Ende bringen“ und „Ich will noch etwas besorgen“ Ihren Tagesablauf prägen – wie, glauben Sie, werden Sie sich abends fühlen? Richtig – selbstbewusst, stark, unabhängig und frei! Und genau das strahlen Sie dann auch aus!

Übrigens, wir haben uns geeinigt, meine Tochter und ich ~ sie schreibt zwar nicht „ich will jetzt aufhören“, aber sie tut es einfach, ohne Floskel ~ sie hat festgestellt, dass, wenn da nichts mehr steht, der Empfänger des Briefes auch so merkt, dass sie aufgehört hat zu schreiben.

07

Die Möwe Uvanga

07

„*Fresst Scheiße, Millionen von Fliegen können nicht irren!*" Die Buchstaben grell leuchtend und optisch gut in Szene gesetzt, prangte dieses Graffiti in ihrer Blütezeit an der Berliner Mauer. Keine Ahnung, was sich der Urheber dieser Empfehlung dabei gedacht hat, ob es ein Zeichen von Resignation war, er provozieren oder einfach nur zum Nachdenken anregen wollte. Letzteres ist ihm zumindest bei mir gelungen. Bei genauer Betrachtung fügt es sich nämlich – von der etwas derben Ausdrucksweise einmal abgesehen – beinahe nahtlos in die pädagogischen Weisheiten generationenlanger Stehsätze wie „Das tut *man* nicht!" oder „Was sollen denn die *Leute* sagen?" ein.

Haben Sie sich mal gefragt, wer dieser „man" eigentlich ist? Und ob dieser „man" mit dem, was er so tut oder eben auch nicht tut, glücklich ist? Haben Sie sich je die Frage gestellt: Diese „Leute", von denen interessanterweise niemand weiß, was genau sie denn so sagen sollten, diese Leute also, sind das die Zufriedenen auf dieser Welt, die Gesunden, die, die das Leben so leben wie Sie Ihres leben wollen und die all das erreicht haben, was sie wollten, die Erfolgreichen also?

Ich weiß nicht, ich hab da so meine Zweifel. Warum? Weil es nach Masse riecht, nach Anpassung, nach kollektivem Denken und Handeln. Was würden denn wirklich erfolgreiche Leute sagen, wenn Sie aus dem Rahmen fallen würden? Wenn

Sie nicht angepasst wären und Dinge tun würden, die andere eben nicht tun und auch nicht von Ihnen erwarten? Wenn Sie anders denken und anders handeln würden als alle anderen?

Nun, sie würden Ihnen sagen: „Schau dich um in deiner Straße, deiner Stadt, deinem Land, auf der Welt. Zeig mir erfolgreiche Menschen. Menschen, die ein erstrebenswertes Leben führen. Und jetzt zeig mir einen davon, nur einen, der das dadurch erreicht hat, dass er sich angepasst hat. Angepasst an den Mainstream des Denkens, an das, was man so macht und glaubt und tut."

Und, fällt Ihnen einer ein? Mir nicht! Denken Sie nach! Ist es nicht viel eher so, dass alle, ausnahmslos alle Erfolgreichen auf dieser Welt deshalb erfolgreich sind, weil sie anders als andere sind? Anders sind als die Meisten? Und ist das nicht gerade der Grund, warum sie oft beneidet werden ~ „anders sein zu können"? Kann ich überhaupt erfolgreich sein, wenn ich mich nicht unterscheide? Wenn ich so denke und handle wie alle anderen?

Machen wir die Probe aufs Exempel: Die einschlägigen Arbeitsmarkt- und Gesundheitsstatistiken sprechen weltweit eine deutliche Sprache: die meisten Menschen sind meilenweit davon entfernt, finanziell unabhängig zu sein und lieben ihren Job nicht, sind dafür aber Weltmeister im Jammern.

Jeder Dritte hat gerade, hatte bereits oder wird demnächst eine psychische Krankheit haben. Acht bis zehn Krankenstandstage pro Person und Jahr sind „normal“. 50 Prozent aller Ehen werden wieder geschieden, 90 Prozent aller Beziehungen gehen auseinander. Drei von vier Erwachsenen sind mit ihrer Figur teilweise oder vollkommen unzufrieden. Innere Kündigung, Dienst nach Vorschrift oder das Verbleiben in einem Unternehmen mangels Alternative sind weit mehr verbreitet als wirkliche Liebe zum Job und Begeisterung über die Tätigkeit.

Am Ende dieses faszinierenden Arbeitslebens geht es dann mit einer erbärmlichen Rente vom Staat – die in Zukunft, und auch da sind sich die Experten einig, noch viel erbärmlicher werden wird – in eine durchschnittlich gut 20 Jahre dauernde Pension, um dieses spannende Durchschnittsleben und Durchschnittslieben auch durchschnittlich ausklingen lassen zu können.

Ach ja, und um dann entweder in einem lichten Augenblick der nächsten Generation zuzurufen „macht's besser!“, wobei das „Wie“ mangels Wissen natürlich schuldig geblieben wird, oder um dann mit der „Erfahrung“ eines ganzen Durschnittslebens Verhaltensregeln von sich zu geben wie „Das tut man nicht.“ oder „Was sollen denn die Leute sagen?“

„. . . Millionen von Fliegen können nicht irren . . .“

Denken Sie an erfolgreiche Menschen ~ an Sänger, Künstler, Popstars, Sportler, Schauspieler, Unternehmer oder wen auch immer – wer fällt Ihnen ein und was fällt Ihnen auf? Die sind anders, anders, anders! Natürlich erfordert es Mut, anders zu sein. Aber ist es nicht das, was Sie sich selbst schuldig sind? All das zu sein, was Sie sein könnten? Und all das sein zu können, was in Ihnen steckt? Ihr Leben nach Ihren eigenen Vorstellungen zu leben ohne die Zuflüsterer von der Seitenlinie!

Natürlich ist „anders sein" noch keine Garantie für Erfolg, aber eines zeigt uns die Realität auch ganz klar – „so zu sein, wie alle anderen" führt Sie schon mal keinesfalls dorthin. Und außerdem – wenn Sie eine Garantie wollen – kaufen Sie sich ein Smartphone. Dann merken Sie auch gleich, was die meisten Garantien wert sind …

In dem über elf Millionen Mal verkauften und in 27 Sprachen übersetzten Buch „Die Möwe Jonathan" von Richard Bach und im gleichnamigen, Oscar-nominierten Film, durch den die Musik von Neil Diamond weltberühmt wurde, findet ein bezeichnender Dialog statt ~ zwischen Jonathan, einer Möwe, die das Fliegen perfektionieren möchte und die deshalb stets den Schwarm verlässt, der sich hinter Fischkuttern um Abfälle zankt, und seinen Eltern: „Jonathan, ist es denn wirklich so schwer, wie alle anderen zu sein? Sie reden schon über dich!" Jonathan hört zum Glück nur wenige Tage auf diese Worte, bevor er zu neuen Flugversuchen aufbricht. Bei allen Rückschlägen klingt ihm jedoch immer noch der Satz seines Vaters in den Ohren: „Mein Sohn, Möwen sind nicht dazu geschaffen, schneller als hundertzwanzig Kilometer in der Stunde zu fliegen!" Aber bei jedem neuen Versuch ergänzt er diesen Satz in Gedanken „... aber wäre es nicht schön, wenn doch?" In der Folge lernt er unglaubliche Techniken, erreicht Geschwindigkeiten weit jenseits der zweihundert Stundenkilometer, sieht Dinge, die noch nie eine Möwe vor ihm gesehen hat, wird dafür aus der Gemeinschaft des Schwarms ausgeschlossen und am Ende doch zum großen Lehrmeister.

In jedem von uns lebt ein Jonathan ~ vertrauen Sie ihm! Laufen Sie in Ihrem Leben nicht dem hinterher, was andere als angemessen oder richtig für Sie empfinden, nicht dem, was alle tun, was „in" ist oder in Mode. Hinterlassen Sie Spuren! Ihre eigenen Spuren! Das geht aber nicht an einem Strand, über den schon Tausende gelaufen sind und Abertausende vor, hinter und neben Ihnen mitlaufen. Seien Sie mutig! Wenn die Art, wie die meisten Menschen um Sie herum denken und folglich handeln, so erfolgreich wäre, sehe die Welt anders aus. Erfolg lernt man nicht von Erfolglosen ~ nicht von den „mans" und nicht von den „Leuten"!

Hören Sie auf den Jonathan in sich – hören Sie, wie er Ihnen zuflüstert: „mag sein, dass du nicht dafür geschaffen bist, ein außergewöhnliches Leben zu führen und all deine Träume und Ziele zu verwirklichen, aber wäre es nicht schön, wenn doch?!“

Übrigens ~ „Uvanga“ kommt aus der Sprache der Inuit, die dort leben, wo viele Möwen zuhause sind und bedeutet „ICH“.

08

Das Geheimnis der 3 W's

Das Geheimnis der 3 W's

08

Was glauben Sie, was wiegt der Motorblock eines Formel-1-Autos? Sie haben keine Ahnung? Macht nichts, ich auch nicht – aber das tut zum Glück nichts zur Sache. Lassen Sie uns schätzen – ein paar hundert Kilo werden es vermutlich schon sein, oder? Und, was glauben Sie, wie viel wiegen die Zündkerzen? Ein paar Deka? Einverstanden. Und – vorletzte Frage – was glauben Sie, wiegt der kleine Kontaktstift, wo der Funke überspringt? Sagen wir ein paar Gramm, ok? Und wenn der fehlt? Tja, dann steht der ganze Wagen samt aufwendigstem Hightech-Motor und kommt keinen Zentimeter weiter.

Mit dem Erfolg, wenn er sich wirklich auf allen drei Ebenen abspielen soll – beruflich, gesundheitlich und privat – ist das genauso. Ganzheitlicher Erfolg ist immer die Summe von vielen Kleinigkeiten. Am Wissen darum, aber auch am Umgang damit kann man Erfolgreiche von Erfolglosen schon häufig unterscheiden. Na ja, sagen Sie sich jetzt vielleicht, dann sollte ich mir das Wissen um diese Kleinigkeiten doch dringend aneignen. So, sollten Sie das? Und *was* werden Sie jetzt *wann* ganz konkret tun?

Sehen Sie, eine dieser elementaren Kleinigkeiten, an denen Erfolg scheitert, ist die Wahl Ihrer Worte, wenn Sie sich etwas vornehmen oder mit anderen über Ihre Zukunft sprechen. Denn da gibt es die Wenigen, die etwas tun „*werden*", da gibt es die

Vielen, die etwas tun „*wollen*“ und dann gibt es die überwältigende Zahl derer, die gerne etwas tun „*würden*“. Sie sagen dann: „Ich sollte mal wieder mein Englisch aufpolieren“, „Ich müsste mal wieder diesen oder jenen Menschen anrufen oder treffen“, „Ich könnte mir mal mehr Zeit nehmen für die Familie, meine Kinder, den Partner...“, „Ich sollte mich wirklich weiterentwickeln“, „Ich müsste wieder mehr Sport machen“, „Es wäre gut, wenn ich abnehmen würde“, „Ich sollte weniger Angst vor Misserfolg haben“, ... kommt Ihnen das irgendwie bekannt vor? Alles irgendwo schon mal gehört, oder?

Als meine Frau und ich frisch verheiratet und beruflich bereits sehr aktiv waren, kam sie eines Tages mit dem Vorschlag: „Wir könnten Berndt und Sandra mal wieder zum Essen einladen.“ „Gute Idee“, meinte ich, „das könnten wir machen.“ Etwa drei Monate später sagte sie: „Du, wir sollten Berndt und Sandra jetzt wirklich mal zum Essen einladen, wir haben die beiden seit einem halben Jahr nicht mehr gesehen.“ „Stimmt“, sagte ich, „wir sollten das auf jeden Fall tun.“ Drei weitere Monate später entschied meine Frau: „Gregor, das Jahr ist bald um, wir müssten Bernd und Sandra jetzt unbedingt zum Essen einladen.“ Und – ahnen Sie meine Reaktion? Richtig. „Oh ja, das müssten wir jetzt aber dringend machen.“ Jetzt sind Sie dran, was glauben Sie, wie oft die beiden in dieser Zeit bei uns zum Essen waren? Genau, gar nicht!

Was haben wir daraus gelernt? Heute heißt das: „Gregor, wann laden wir Berndt und Sandra zum Essen ein?" – und dann gibt es ein Wann, ein Was, ein Wer und ein Wie.

Seien Sie ehrlich – es hört uns ja gerade keiner zu – was von Ihren „sollte mal", „könnte mal" und „müsste mal" haben Sie denn wirklich in die Tat umgesetzt? Geplant, mit einem Termin versehen und losgelegt? Nicht viel? Wir sagten ehrlich! Ziemlich wenig? Na! So gut wie nichts? Sehen Sie! Aber das ist noch kein Grund zur Sorge, Sie sind damit nicht allein. Es ist ja nicht so, dass Sie nicht wollten, aber Ihre Worte prägten Ihr Handeln. Und diese Worte, Ihre Wortwahl – die können Sie ändern!

Alle Erfolgreichen auf dieser Welt sagen ich „werde" und dann folgt ein Tun. Die anderen sagen ich „sollte" und dann folgt genau nichts. Wenn Sie also ganzheitlich erfolgreich werden wollen, beginnen Sie bei Ihrer Sprache.

Denn wie so oft in Ihrem Leben liegt es jetzt in Ihrer Hand: *Würden* Sie in Zukunft gerne etwas ändern, *wollen* Sie, dass sich etwas ändert oder *werden* Sie etwas ändern?

09

Der Geist funktioniert wie ein Fallschirm ...

... am besten, wenn er offen ist.

Stellen Sie sich vor, es wäre Ihre Aufgabe, möglichst viele unterschiedliche Gesichter zu gestalten. Sie hätten absolute Freiheit – nur einige Vorgaben sind einzuhalten: Das Verhältnis Breite zu Höhe muss bei 1:1,5 liegen, die Nase gehört immer in die Mitte, der Mund darunter und ganz unten das Kinn. Es müssen jeweils zwei Augen sein, links und rechts der Nase, darüber Augenbrauen und Stirn. Ein Schnauzer an den Schläfen und ähnlicher Unsinn ist selbstverständlich nicht erlaubt. Und – wie viele verschiedene würden Sie schaffen? Hundert? Zehntausend? Eine Million? Nun, die Natur hat über sieben Milliarden geschafft – sieben Milliarden Menschen mit sieben Milliarden verschiedenen Gesichtern!

Wundert uns das? Nein – überhaupt nicht. Wir kennen es nicht anders, von klein auf. Ärgert es uns? Das schon gar nicht. Wer will schon aussehen wie jeder andere? Aber warum haben die meisten Menschen dann so ein Problem damit zu akzeptieren, dass sich hinter diesen sieben Milliarden unterschiedlichen Gesichtern sieben Milliarden verschiedene Gehirne befinden? Sich geradezu darüber ärgern, wenn der andere nicht so „tickt" wie man selbst. Dabei ist das rein biologisch schon völlig unmöglich:

In jedem Augenblick treffen ca. 130 Millionen Einzelinformationen aus der Umwelt alleine auf ebenso viele Netzhautzellen unseres Auges. Diese Informationen werden weitergeleitet über den Sehnerv, passieren dabei die Hauptzensurstelle unseres Gehirns (den Thalamus, der je nach Erfahrung Unlogisches aussiebt oder Dinge hinzufügt) hin zum visuellen Cortex – unserem Sehzentrum. Hier wird dann aus diesen Einzelinformationen das Bild, das wir sehen und das wir für die Realität halten, zusammengebaut. Allerdings – und jetzt kommt das erst mal Unvorstellbare – dieser Sehnerv besteht aus einer Million Fasern, die jeweils nur eine Information weiterleiten. Mit anderen Worten, von den 130 Millionen Informationen, die in jedem Augenblick auf die Netzhaut unseres Auges treffen, kommen 129 Millionen im Gehirn gar nicht an. Sie werden biologisch ausgesiebt und anschließend neurologisch – je nach Erfahrung – frei dazu erfunden. Und nachdem zwei Menschen im Leben niemals die gleichen Erfahrungen machen, sehen und empfinden sie auch beim Betrachten einer Situation, eines Problems, einer Landschaft oder eines Regenbogens niemals das Gleiche!

Natürlich ist es, wenn andere anders denken als wir, leichter – und auch verbreiteter – davon auszugehen, dass sie halt einfach „nicht die Hellsten sind", ihnen die entsprechenden Hintergrundinformationen fehlen oder sie eben gern auf Konfrontation gehen und unbedingt „recht haben wollen".

Aber wäre es nicht intelligenter, die neurologischen Tatsachen zu akzeptieren und zum eigenen Vorteil zu nutzen, anstatt

Andersdenkende zu schubladisieren? Sie bräuchten über sieben Milliarden Schubladen!

Dabei ist die Lösung ganz einfach – und jeder Erfolgreiche kennt sie: Akzeptieren Sie, dass Gehirne so unterschiedlich sind wie Gesichter, respektieren Sie die Gedanken anderer, aber vor allem – werden Sie neugierig. Erfolgreiche Menschen sind immer neugierige Menschen. Neugierig, warum der andere so denkt, wie er denkt. Da Sie niemals sein Leben nachleben und seine individuellen Erfahrungen nachmachen können, ist das eine wunderbare Gelegenheit zu lernen, sich zu entwickeln und dem Gegenüber dabei auch noch ein gutes Gefühl zu geben.

Entscheiden Sie selbst, was Ihr Leben in Zukunft mehr bereichern, Ihre Fähigkeiten, neue Herausforderungen erfolgreich zu meistern, mehr stärken wird – beurteilen, belächeln, streiten und schubladisieren oder Neugier?!

Sie meinen, Sie können Ihr gewohntes Denken nicht so schnell umstellen? Nein? Sie schütteln den Kopf? Das ist ein gutes Zeichen – für das Gehirn von mehr als einer Milliarde Menschen bedeutet Kopfschütteln „ja"! Es geht!

10

Make *their* day

Make their day

10

Haben Sie heute schon was Nettes gesagt? Zu irgendwem? Was – es ist noch morgens und Sie haben noch keinen gesehen? Ok, was war gestern? Zu wie vielen Menschen haben Sie gestern was Nettes gesagt? Nein, „Guten Morgen" zählt nicht, „Guten Appetit" und „Wie geht's dir?" auch nicht – das sind Floskeln. Ich meine was richtig Nettes. Zumindest so etwas wie „Es ist schön, dich zu sehen" oder „Danke, dass du dir die Zeit genommen hast" oder „Unglaublich, wie deine Augen heute strahlen", „… deine Haare glänzen", „… dir dieses Hemd steht". War etwas in der Art dabei? Ja? Sogar vieles davon! Wunderbar, ich gratuliere Ihnen.

Oder doch nein? Wenig bis gar nichts? Und weshalb sagten Sie noch? Ach, da war niemand, den zu sehen Sie gefreut hat. Und Zeit hat sich auch keiner für Sie genommen, außer denen, deren Job das ja schließlich ist. Und um Sie herum strahlen auch keine Augen, glänzen keine Haare und werden nur geschmacklose Hemden getragen. Sie haben aber auch Pech im Leben!

Oder ~ könnte das etwas mit Ihrer Wahrnehmung zu tun haben? Und mit Ihrer Einstellung?

Den ganzen Tag begegnen wir Menschen – Freunden, Bekannten, Kollegen, Fremden – Sie können mir nicht erzählen, dass es an all denen nichts gibt, was positiv ist, interessant, attraktiv, lustig, herzlich, beneidens- oder bewundernswert, gut, liebevoll oder irgendetwas dergleichen. Naja, schon, *aber* …

genau: *aber* … man hat uns nur leider nie beigebracht, den Menschen das auch zu sagen ~ denken, ja ~ aber sagen, nein. Und weil fürs Denken auch keine positive Rückmeldung kommt, denken wir es auch immer weniger und irgendwann fällt es uns gar nicht mehr auf. Außerdem haben wir den Kopf ja wohl voll mit wichtigeren Dingen!

Ah ja, wichtigere Dinge, als sich selbst wohlzufühlen? Was wäre das denn so zum Beispiel? Stopp, Herr Heiss, so kriegen Sie mich jetzt nicht. Warum sollte ich mich wohlfühlen, wenn ich zu jemand Anderem etwas Nettes sage?

Die Frage ist jetzt nicht ernst gemeint, oder? Und wenn doch – probieren Sie's doch einfach aus. Am besten jetzt gleich. Ja, raus und sobald Ihnen irgendetwas wie immer geartet Positives an einem Menschen auffällt: Sagen Sie's ihm! Direkt! Ohne Umschweife! Ja, aber … ohne aber! Ja schon, aber wenn … auch ohne wenn. Sagen Sie's! *Wovor haben Sie denn Angst?* Wollen Sie wissen, was passieren wird? Sie bekommen ein Lächeln, vielleicht auch ein Danke, womöglich sogar etwas Nettes, ein Kompliment zurück.

Aber wissen Sie was? Das spielt keine Rolle. Eine Rolle spielt, wie Sie sich jetzt fühlen! Gut nämlich! Gut, weil Sie sich getraut haben, gut, weil Sie jemand Anderem eine Freude gemacht haben, gut, weil dieses eine Kompliment, diese Aufmerksamkeit von Ihnen für den Anderen oft gleich bedeutend ist mit dem, was die Amerikaner „I made their day“ nennen. Und Sie werden sich immer besser fühlen, weil Sie anfangen, eine Aura von positiver Aufmerksamkeit um sich aufzubauen und das wiederum wird immer, das erklären uns schon die einfachsten Naturgesetze, auf Sie zurückwirken.

Nettes über sich zu hören, Komplimente zu bekommen, wahrgenommen zu werden – das braucht jeder Mensch, egal, wie selbstbewusst er ist, egal, was er im Leben schon alles erreicht hat, Sie, ich, jeder! Mag sein, dass Geben seliger ist als Nehmen. Hier jedenfalls bekommen Sie beides – noch während Sie geben, nehmen Sie. Und am Ende eines solchen Tages merken Sie, dass sich noch ein ganz anderes Gefühl einstellen wird: „*I made my day*“!

Im Dezember war ich mit meiner Frau für einige Tage in Hamburg. Am Weihnachtsmarkt vor dem Rathaus kauften wir ein Geschenk für meine Eltern. Als ich es der Verkäuferin zum Einpacken überreiche, sagt sie, „Haben Sie schöne Hände!“ Ich muss einigermaßen verdutzt dreingesehen haben, denn sie fügte hinzu: „Wissen Sie, ich schaue auf so etwas“. und im gleichen Atemzug fragte sie meine Frau, „Ist das Ihr Mann?“ Ein kurzes Nicken und dann kam „Haben Sie ein Glück!“ Dabei strahlte sie übers ganze Gesicht – und ich, ich flog davon.

Wissen Sie jetzt, was ich meine? Ich bin mir sicher! Wenn Sie etwas für Ihr Wohlbefinden tun wollen und gleichzeitig für

Ihre Ausstrahlung – eine, wie Sie sicherlich wissen, nicht ganz unerhebliche Voraussetzung für jede Art von Erfolg – gehen Sie raus und sagen Sie den Menschen etwas Nettes. Machen Sie sich's zur Gewohnheit – kein Tag mehr ohne Komplimente! Nicht nur denken – auch sagen! Was immer Ihnen positiv auffällt – Outfit, Mimik, Gestik, Aussehen, Freundlichkeit, Kompetenz, Aufmerksamkeit, Sprache, Augen, Haare, Hände, Eigenschaften ... egal, was es ist – sagen Sie's Ihrem Gegenüber: ob Portier, Kassiererin, Kellner, Verkäufer, Kollege, Chef, Mitarbeiter, Freund, Partner, Kind oder Fremder – werden Sie ein Zauberer!

Zaubern Sie den Menschen ein Lächeln ins Gesicht!

11

Der Lichtschalter kann nichts dafür

Der Lichtschalter kann nichts dafür

11

Was haben *Sport, Sonne, Sex, Lachen und Schokolade* gemeinsam? Bevor wir die Frage beantworten, könnten Sie mir natürlich eine Gegenfrage stellen: „Wozu muss ich das wissen?" Ok, wir beantworten Ihre Frage zuerst – gemeinsam – und weil Sie selbst damit angefangen haben, mit ein paar Gegenfragen: Fühlen Sie sich wohler in Ihrer Haut, wenn Sie gut drauf sind oder wenn Sie schlecht drauf sind? In welchem der beiden Fälle haben Sie mehr Spaß mit anderen und die mit Ihnen? Haben Sie mehr Ideen und sind kreativer, wenn Sie gute Laune haben oder schlechte? Bei welcher Variante haben Sie mehr Lust auf Neues, trauen sich mehr zu und haben eine bessere Ausstrahlung? Einfache Fragen, oder?

Und mit Ihren Antworten haben Sie sich auch schon die Antwort gegeben auf „Wozu muss ich das wissen?" Damit Sie gut drauf sind! Und zwar nicht manchmal, immer wieder oder häufig, sondern möglichst rund um die Uhr, vierundzwanzig Stunden am Tag! Auch nachts? Wenn Sie gerne gut schlafen, selbstverständlich!

Und was hat das jetzt alles mit Sport, Sonne, Sex, Lachen und Schokolade zu tun? Nun, alle fünf kümmern sich auf ihre jeweilig spezifische Art darum, in Ihrem Körper gute Stimmung zu erzeugen. Genau genommen nicht die Stimmung, sondern ein Stimmungshormon ~ das Gute-Laune-Hormon schlechthin: Serotonin.

Machen wir einen kurzen Ausflug ins Gehirn ~ verbunden mit einer guten und einer schlechten Nachricht. Die Schlechte zuerst: Wenn Ihr Gehirn kein Serotonin produziert, können Sie nicht gut drauf sein. Egal, wie sehr Sie wollen, Sie haben keine Chance. Kein Serotonin, keine gute Laune. Ohne Wenn und Aber.

Stellen Sie sich Ihre gute Laune als brennende Glühbirne an der Decke vor. Serotonin ist das Kabel, das die Glühbirne mit dem Lichtschalter verbindet. Wenn dieses Kabel aber fehlt, können Sie den Schalter betätigen, so oft Sie wollen, ihn anschreien, beknien oder darauf herum hämmern – da kommt kein Licht. Ok? Deutlich?

Gut – dann zur guten Nachricht: Wenn Sie bestimmte Dinge „tun" ~ zum Beispiel, das Kabel selbst verlegen, einen Elektriker dafür beauftragen, eine Fassung montieren, die auf Bewegung reagiert oder die Glühbirne woanders hineinschrauben, wo ein Kabel verlegt ist ~ dann fließt der Strom – und – Sie haben Licht. Bei dem Neurotransmitter Serotonin, Ihrem Glückshormon, bedeutet dieses „tun" unter anderem Sport, Sonne, Sex, Lachen und Schokolade. Im Idealfall natürlich alles gleichzeitig, was allerdings bei Sport und Sex schon besondere Talente, begleitet von einer diversen Gelenkigkeit, erfordert. Aber auch einzeln betrachtet erhöhen alle den Serotoninspiegel im Gehirn – und wenn Ihr Gehirn genügend Serotonin produziert ~ und jetzt kommt die entscheidende Nachricht ~ sind Sie automatisch auf gute Laune programmiert!

Der Haken an der Sache ist folgender: Was tun Sie, wenn die Zeit für Sport gerade fehlt, die Sonne nicht scheint, für Sex niemand zur Verfügung steht ~ schon gar nicht mit dem vorrangigen Ziel, Ihren Serotoninspiegel zu erhöhen ~ und die Schokolade an Ihrem Äußeren bereits sichtbare Spuren hinterlassen hat? Dann bleibt Ihnen nur noch eines, aber das geht immer: *Lachen Sie oder lächeln Sie. Hauptsache, die Mundwinkel gehen nach oben!* Das ist nämlich ein untrügliches Signal für Ihren Körper und für Ihr Gehirn, aktiv in Ihre Stimmung einzugreifen und sie zu erhöhen.

Bei meinem Studium in New Orleans gab mir ein Professor den Tipp: „Wenn du schlecht drauf bist, stell dich vor einen Spiegel und grins dich an. Dann geht's dir besser." Und wissen Sie was – das stimmt tatsächlich – allerdings aus einem anderen Grund als vermutet. Denn damals dachte man, wenn jemand sein Spiegelbild derart grundlos angrinst, fängt er nach spätestens 60 Sekunden an, über sich selbst zu lachen. Was in Wirklichkeit passiert, ist spannender und amüsanter in Einem: Das Gehirn registriert, dass da im Gesicht über dreißig Muskeln aktiv werden. Es weiß ebenfalls, dass diese Muskeln ausschließlich dann aktiv werden, wenn es dem Gehirnbesitzer gut geht und ein entsprechend hoher Serotoninspiegel vorliegt. Gleichzeitig registriert das Gehirn, dass dieser Spiegel aktuell gar nicht vorhanden ist und es offensichtlich irgendetwas verschlafen hat. Um das wieder gut zu machen, wird schlagartig Tryptophan – das sind die herumliegenden Kabel – in Serotonin umgewandelt – also zwischen Schalter und Glühbirne eingebaut – um das Gleichgewicht wieder herzustellen bzw. um das Licht wenigstens nachträglich im Saal einzuschalten, nachdem die Leute schon zu tanzen begonnen haben, obwohl es noch dunkel war.

Um diesen Kreislauf in Gang zu setzen, brauchen Sie nicht einmal einen Spiegel – Ihr Gehirn registriert die hochgezogenen Mundwinkel und kümmert sich ganz automatisch um den Rest. Dass Lachen auch noch Ihre Durchblutung fördert, das Gehirn durch eine erhöhte Zufuhr von Glukose und Sauerstoff mit mehr Brennmaterial und Energie versorgt, den Abbau von Stresshormonen beschleunigt und Ihr Immunsystem aktiviert, Muskeln trainiert, Beziehungen vertieft und Schmerzen lindert, ist ein angenehmer Nebeneffekt. Viel wichtiger ist, dass Ihnen alles, wirklich alles in Ihrem Leben leichter fällt, wenn Sie in guter Stimmung sind. Dafür brauchen Sie keine Comics, keine Witze und keine lustigen Filme und schon gar nicht sind Sie darauf angewiesen, dass irgend ein anderer Ihre Stimmung hebt.

Oft wird von Menschen, die rundum erfolgreich sind, gesagt, „Ja, wenn ich derjenige wäre, dann wäre ich auch immer gut drauf, dann wäre ich auch positiv und optimistisch, dann würde ich auch immer lächeln und dann hätte ich auch genügend Gründe zum Lachen." Das Gegenteil ist der Fall: Weil diese Menschen immer guter Stimmung waren, weil sie aktiv an ihrer Ausstrahlung gearbeitet haben, weil sie stets positiv und optimistisch waren, gelächelt und viel gelacht haben, sind sie dort angekommen, wo sie heute sind. Die Position, die Sie heute im Leben bekleiden, ist immer das Produkt Ihrer vorherigen Geisteshaltung! Denken Sie einmal ausführlich darüber nach. Wenn Ihre Geisteshaltung stimmt, dann haben Sie genug Gelegenheiten zum Lächeln und zum Lachen ~ und dann produziert Ihr Gehirn auch genug Serotonin, um Sie rund um die Uhr bei Laune zu halten.

Also – worauf warten Sie? Verkabeln Sie Ihr Gehirn richtig ~ lächeln Sie!

12

Die Feuer des Lebens

euer
s Lebens

12

Ich entschuldige mich gleich vorab für meine Ausdrucksweise, aber manchmal hat Deutlichkeit Vorrang. Also – eine Frage: Würden Sie jedem dahergelaufenen Arschloch die Türe zu Ihrem Wohnzimmer öffnen? Nein? Und wie ist es mit Typen, die Ihnen so gut wie ausschließlich negative, traurige, schreckliche oder abstoßende Dinge erzählen? Oder Dinge, die so abscheulich oder menschenverachtend sind, dass sie körperlich weh tun, Ihnen unbewussten Stress bereiten und die Sie nicht einmal ändern können? Nein?

Darüber müssen Sie gar nicht nachdenken, oder? Sie würden Ihnen die Türe vor der Nase zuschlagen. Klar ~ warum sollten Sie sie auch hereinlassen ~ nur um sich anschließend schlechter zu fühlen? Noch eine Frage: Schauen oder lesen Sie Nachrichten? Ja? Dann ist Ihnen Ihr Wohnzimmer offensichtlich heiliger als Ihr Gehirn. Denn damit muten Sie ihm all das zu, was Sie zuhause nicht über die Schwelle lassen würden. Und das hat Folgen.

Stellen Sie sich folgendes vor: In Ihrem Inneren brennen zwei Feuer. Nennen wir sie die Feuer des Lebens. Eines davon ist das Feuer Ihrer Ängste, Ihrer Sorgen und negativen Erwartungen, das Feuer Ihrer Enttäuschungen, Ihrer Wut und Ihres Ärgers. Das Andere ist das Feuer Ihrer Begeisterung, Ihrer Hoffnungen und Ihrer Träume. Es ist das Feuer Ihres Optimismus, Ihrer Leidenschaft und Ihrer Lebensfreude. Jedes Feuer, und natürlich auch die Feuer des Lebens, brennt nicht einfach nur so vor sich hin. Feuer benötigen Brennmaterial, am besten Holz, um nicht zu erlöschen. Jeder Gedanke, den Sie denken, entspricht einem solchen Stück Holz und nährt eines der beiden Feuer ~ jeder!

Wenn Sie nun Nachrichten schauen oder in der Zeitung lesen, wo gerade wie viele Menschen umgebracht wurden ~ welchem Feuer geben Sie dann wohl Holz? Wenn Sie erfahren, welcher Wahnsinnige seine eigene Tochter zwanzig Jahre im Keller eingesperrt und mit ihr fünf Kinder gezeugt hat; wenn Sie darüber informiert werden, in welchen korrupten Taschen Millionen versickern; wie Politiker es sich ohne einen Funken Anstand oder Ehrgefühl erst einmal selber richten; wie Wählerstimmen gefälscht, Aussagen gekauft und Zeugen bedroht werden; wenn sie möglichst mit lebenden Bildern untermalt erfahren, wo Frauen vergewaltigt und Kinder niedergemetzelt werden; lesen, dass in manchen europäischen Ländern mehr Menschen an Fehlbehandlungen im Krankenhaus sterben als im Straßenverkehr und Ihnen subtil nahegebracht wird, wie es sich anfühlt, wenn sich der 21-jährige Sohn dreimal mit dem Auto überschlägt, um dann für den Rest seines Lebens behindert zu bleiben ~ welchem Feuer, glauben Sie, geben Sie da wohl Holz?

Stärkt das Ihre Begeisterung, Ihren Optimismus und Ihre Lebensfreude? Nein, das tut es sicher nicht.

Und wenn Sie sich stattdessen mit Ihren Zielen beschäftigen würden, und wie Sie diese erreichen können? Mit Ihren Träumen, Ihrem Partner, Ihren Kindern? Wenn Sie stattdessen überlegen würden, welche Plätze auf dieser Welt Sie noch bereisen wollen und wann Sie das tun werden? Wenn Sie darüber nachdenken würden, welche Menschen Sie noch treffen und mit ihnen sprechen möchten? Wie Sie anderen eine Freude machen können, über Ihre eigenen Stärken, über das, was Ihnen Spaß macht oder das, was Sie vielleicht noch lernen, an sich verbessern oder anderen beibringen wollen ~ welchem Feuer geben Sie dann wohl Holz?

Stärkt das Ihre Begeisterung, Ihren Optimismus und Ihre Lebensfreude? Ja, das tut es ganz bestimmt.

„Tja" – höre ich jetzt die ersten Stimmen aus der nachrichtenkonsumierenden Widerstandsecke – „das mag ja alles stimmen, aber so ist die Welt nun mal. Seien Sie nicht unrealistisch, Herr Heiss, es gibt eben Gutes und es gibt Schlechtes. Da kann man sich nicht nur eines aussuchen!"

Echt – ist das so? Man kann sich nicht nur eines aussuchen? Warum eigentlich nicht? Machen wir die Probe aufs Exempel. Es gibt schöne Urlaubsländer und weniger schöne, einverstanden? Wo machen Sie Urlaub? Hoffentlich abwechselnd, oder? Also Karibik – Nigeria, Griechenland – Afghanistan . . . wie, nicht?

Dann urlauben Sie aber ziemlich unrealistisch, oder? Gut, ich gebe Ihnen eine andere Chance. Wie ist das, wenn Sie ins Restaurant gehen ~ dort gibt es Speisen, die Sie mögen und welche, die Ihnen überhaupt nicht schmecken, stimmt's? Aber wenn Sie jetzt nicht als vollkommen unrealistisch dastehen wollen, ist Ihnen hoffentlich klar: Da kann man sich nicht nur eines aussuchen! Und so machen Sie das ja bestimmt auch, oder: Einmal bestellen Sie etwas, das sie mögen, dann etwas, das für Sie abscheulich schmeckt, dann wieder etwas Gutes gefolgt von etwas, nach dem Sie sich übergeben müssen. Wie, das machen Sie auch nicht? Merken Sie was? Sie suchen sich's dauernd aus, Ihr Leben lang – Sie nehmen sich ja auch nicht einen Partner, der in Ihren Augen charakterlich bedenklich und potthässlich ist, nur um realistisch zu erscheinen. Sie wählen immer das, was Ihnen gefällt, was gut für Sie ist, sich gut anfühlt und Ihnen gut tut.

Dann kommen Sie mir aber nie mehr damit, dass man, weil es doch so realistisch ist, das Negative auch sehen und wissen muss. Es tut Ihnen nämlich nicht gut! Ihrem Körper nicht und Ihrem Geist nicht ~ und das ist längst erwiesen. *Die Stressmedizin weiß schon seit Jahren, dass ein einziger Gedanke, in einer einzigen Sekunde an irgendein negatives Ereignis eine mehrere Minuten dauernde Schädigung in unserem Körper hinterlässt.* Um in unserer Sprache zu bleiben, dieses eine Feuer verbrennt nicht nur Ihre Energie, Ihre gute Stimmung und eine positive Ausstrahlung, es schädigt ganz subtil auch noch Ihre

Gesundheit! Dazu kommt als kostenloser Bonus das Gefühl der Ohnmacht, nichts an all diesen Dingen ändern zu können.

Eine letzte Frage – von all den Hunderten von Informationen, die Sie in den letzten drei Monaten aus Nachrichten entnommen haben – nennen Sie mir drei, nur drei, die dazu geführt haben, dass Sie beruflich erfolgreicher wurden, gesünder leben, Ihre Kinder oder Ihren Partner mehr lieben, mehr Spaß im Leben haben oder glücklicher sind. Zwei? Eine?

Worüber reden wir dann? Lassen Sie es einfach! Hören Sie auf, dieses negative Feuer permanent mit Holz zu füttern – lassen Sie es ausgehen! Die wirklich wichtigen Dinge erfahren Sie auch so – aber ohne dabei Ihre Zeit zu vergeuden und Ihre psychische und physische Gesundheit aufs Spiel zu setzen.

Erfolgreiche Menschen haben keine Zeit für solchen Unsinn. Sie wissen, dass die Gesetzmäßigkeit aus der Informatik „garbage in – garbage out", dass also, wo immer ich Müll hinein tue, auch Müll heraus kommt, nicht nur für Computer, sondern auch und vor allem für das Gehirn gilt. Und das ist ihnen mindestens ebenso heilig wie ihr Wohnzimmer!

Und Ihnen?

13

Wahl-
freiheit

Wahl-
freiheit

Das Glaubensbekenntnis des Islams umfasst 21 Wörter, die 10 Gebote Gottes enthalten 69 Wörter, die Präambel der Amerikanischen Unabhängigkeitserklärung 202 Wörter. Die Verordnung des europäischen Parlaments zur Energieverbrauchskennzeichnung von Staubsaugern umfasst exakt 23 maschingeschriebene Din-A4-Seiten mit durchschnittlich 360 Wörtern pro Seite.

Was sagt uns das? Es sagt uns, dass Dinge nicht besser werden, wenn man sie verkompliziert und eine Menge an Wörtern ist noch lange kein Garant für einen guten Inhalt. Wirklich weise Dinge, Erkenntnisse, die uns im Leben tatsächlich weiterbringen, die uns helfen, mit schwierigen Situationen besser umzugehen und die uns im besten Falle sogar helfen, uns selbst zu entwickeln, lassen sich in der Regel in wenige Worte fassen. Eine solche Erkenntnis, vermutlich eine der fundamentalsten überhaupt, kam vollkommen unauffällig und ohne den bedeutungsträchtigen Stempel eines geistigen Urvaters schon vor einiger Zeit zu uns. Unaufdringlich und dennoch subtil konnten wir es auf den US-amerikanischen T-Shirts in den siebziger Jahren erstmals lesen. Und nur sieben Wörter waren dafür notwendig: *Love it, Leave it or Change it!* Und damit war auch so ziemlich alles gesagt!

War? Wieso eigentlich „war"? Was hat sich denn daran verändert? Nichts! Rein gar nichts! Im Gegenteil ~ es ist heute noch viel leichter, sich dieses Credo zu Herzen zu nehmen: denn vor über vierzig Jahren war die Prägung der industriellen Revolution in den Köpfen noch vorherrschend, der Begriff Arbeitsleid allgegenwärtig und überhaupt – Arbeit war nicht zum Spaß da, sondern um sich mit fünf oder sechs Acht-bis-Zehn-Stunden-Tagen pro Woche die restliche Lebenszeit zu finanzieren. Erst die Arbeit, dann das Vergnügen! Dass der Job nicht nur Spaß machen, sondern ich ihn auch noch lieben sollte – das war neu. Und interessant! Vor allem aber erstrebenswert!

Wer *Love it, Leave it or Change it* allerdings nur für seine berufliche Situation umsetzt, wird sich dort zwar wohl fühlen, verpasst aber womöglich den gesamten Rest. Denn Einschränkungen für das „*Liebe es, ändere es oder lass es*" gibt es keine. Es gilt für jede Situation ~ im Privaten und im Geschäftsleben ebenso wie für die körperliche Fitness und die eigene Gesundheit ~ fast könnte man sagen: ein Naturgesetz. Gültig überall auf der Welt und wer es nicht befolgt ~ tja ~ der spürt die Auswirkungen oft schneller als erwartet. Und nicht selten am eigenen Körper.

Vor vielen Jahren hatte ich bei einem meiner Mitarbeiter das Gefühl, dass er nicht mehr richtig glücklich war in seinem Job und sprach ihn darauf an. „Mag schon sein", bekam ich zur Antwort, „aber wissen Sie, ich kann's mir gar nicht leisten, den Job zu verlieren." Bei dem Satz gingen bei mir sämtliche Warnlampen an. „... nicht leisten, den Job zu verlieren?" Was er sich in Wirklichkeit nicht leisten konnte, war seinen Job zu behalten. Denn wenn wir aus der heutigen Arbeitswelt eine gesicherte Erkenntnis ziehen können, dann zweifelsfrei die: Arbeit macht entweder Spaß oder krank! Erst psychisch und dann physisch. Auf das gleiche Ergebnis kommen Sie übrigens auch, wenn Sie „Arbeit" durch „Beziehung" ersetzen. Da können Sie anderen etwas vormachen – nicht Ihrem Körper und schon gar nicht Ihrem Gehirn.

Love it, Leave it or Change it ist der beste Garant für Ihre Gesundheit und ein langes, zufriedenes und harmonisches Leben. Und natürlich auch für ein erfolgreiches Leben. Es ist allerdings kein Garant für ein bequemes und gemütliches Leben. *Love it, Leave it or Change it* erfordert Aktivität. Aktiv daran zu arbeiten, dass ich Dinge tue, die ich lieben kann und bevor ich zu „*Leave it*" greife und alles hinschmeiße, zumindest alles in meiner Macht stehende tue, um entsprechende Veränderungen herbeizuführen. Allerdings – und hier gibt es ein weitverbreitetes Missverständnis – nicht nur Veränderungen der Situation, oder von anderen zu erwarten und herbeizuführen, sondern auch von mir selbst!

Sehr oft gilt „*Love it*" nicht nur im Job, sondern für eine immer größer werdende Anzahl von Menschen auch in ihrer Beziehung deshalb nicht, weil sie ihre Aufmerksamkeit auf das richten, was nicht klappt, statt darauf, was funktioniert. Und dann bedeutet „*Change it*" erstmal, den eigenen Blickwinkel, den eigenen Fokus und damit die eigene Einstellung zu ändern. Sie können das ja austesten – schreiben Sie sich doch mal den ganzen Tag alles zusammen, was Sie an Ihrem Partner stört, manchmal nervt, Sie gerne anders hätten oder was Sie zumindest mit einem Zauberstab verändern würden, wenn derjenige es nicht merkt. Und dann viel Spaß beim gemeinsamen Abend! Da ist „*Leave it*" vorprogrammiert!

Weil das aber „normal" ist, sich immer wieder mit anderen darüber auszutauschen, was in der Firma, der Beziehung, mit den Bekannten und Verwandten, aber auch der eigenen körperlichen und manchmal geistigen Verfassung ~ nennen wir es mal positiv ~ nicht optimal ist, vergessen viele die höchsteigene Wahlmöglichkeit von *Love it, Leave it or Change it* und tauschen sie freiwillig gegen „*Moan, Suffer or Try*". Egal, wo Sie gehen, stehen oder sitzen – hören Sie den Menschen zu – die meisten lieben es zu jammern. Ich weiß, viele würden es gerne „diskutieren" nennen, aber das wäre Schönfärberei – im Endeffekt ist es „jammern". Jammern über den Chef, die Kollegen oder die Kunden, die Preise, die Politik, die Fußballergebnisse, den Partner, die eigene Figur ... kein Thema wird ausgelassen, und wenn alles durchgekaut, als ungenießbar und vor allem unveränderbar empfunden wurde, dann bleibt ja immer noch das Wetter – zu warm, zu kalt, zu feucht ...

Wissen Sie was – lassen Sie das! Wie – Sie meinen mich? Ja! Tu ich doch gar nicht. Doch, tun Sie! Vielleicht nicht oft, vielleicht aber auch zu oft. Und weil man mit Jammern ja nichts ändern kann, ist „*Suffer*" die logische Konsequenz. Leiden unter dem, was zu bejammern ist! Was das langfristig für Ihre psychische und physische Gesundheit bedeutet, muss ich Ihnen nicht erzählen. Der letzte Strohhalm ist dann oft noch das verräterische „Ich hab's ja versucht . . ." Genau! *„Versuchen" ist das Lieblingswort derer, die nie „machen"*! Versuchen Sie doch mal in den Urlaub zu fahren. Oder im Sommer Ihr Lieblingseis zu essen. Oder sich mit Ihrem besten Freund oder der Freundin zu treffen. Merken Sie was? Das haben Sie nie versucht. Das haben Sie gemacht!

Und jetzt, jetzt machen Sie das, was Ihnen immer schon zur Verfügung stand: *Love it, Leave it or Change it.* Für jede Situation, die Ihnen begegnet – Sie haben die freie Wahl und es ist ausschließlich Ihre Entscheidung ~ hier beginnt wahre Freiheit. *Nutzen Sie sie!*

14

Sie wissen eh, was ich sagen wollte, oder?

wissen
was ich sagen
llte, oder?

14

Folgende Situation – Sie führen ein Gespräch, sagen wir mit Ihrem Partner, ein Wort ergibt das andere, das Gespräch wird emotionaler, Sie sagen etwas . . . und keine 30 Sekunden später denken Sie sich: „Mist, das hätte ich jetzt besser nicht gesagt." Kennen Sie das? Natürlich kennen Sie das!

Oder – Sie fallen der anderen Person ins Wort und fangen sich dafür ein „*Lass mich ausreden*" ein. Mit Ihrer Antwort, „Ich weiß eh, was du sagen wolltest", provozieren Sie jetzt maximal ein „*So, was denn?*" und vollkommen egal, ob das, was Sie jetzt von sich geben, richtig oder falsch ist, Sie kassieren garantiert ein „*Nein, das wollte ich nicht sagen!*"

Mit „*Was denn dann?*" retten Sie die Situation auch nicht mehr – mit viel Glück gibt's noch ein „*Ist jetzt nicht mehr wichtig*" oder „*Lass gut sein, ist egal*". Den Unterton dazu, für den das Wort „mitschwingend" eine mutwillige Untertreibung wäre, können Sie sich selbst ausmalen, oder? Wer sich jetzt nicht erwischt fühlt, hatte entweder noch nie eine Beziehung, ist stumm oder leidet an Amnesie.

Aber zurück zur Situation. Was passiert denn jetzt? Verläuft das Gespräch jetzt harmonisch, verständnisvoll, in die Richtung und so wie Sie es wollten? Nein? Sieh an. Ganz im Gegenteil, oder? Jetzt geht es plötzlich auch gar nicht mehr um das ursprüngliche Thema, nur mehr um Emotionen und – spätestens jetzt meldet sich nämlich das Reptiliengehirn – ums

Rechthaben. Das Gespräch ist ohnehin schon kein Gespräch mehr – nur noch ein verbaler Zweikampf und das Ziel heißt „Gewinnen". Egal mit welchen an den Haaren herbeigezogenen Argumenten – über die schon das eigene Großhirn im entspannten Zustand höchstens milde Lächeln würde – der eigene Standpunkt wird jetzt und in dieser Situation bis aufs Blut verteidigt. Bravo!

Und? Gewonnen? Oder verloren? Tja, spielt jetzt keine Rolle mehr, richtig? Letztendlich wissen Sie es doch ~ und Sie spüren es auch ~ so oder so ~ verloren, beide: nämlich die gute Stimmung, das ursprüngliche Thema sowieso aus den Augen und ein kleines Stück von Liebe, Vertrauen und Respekt ist auch draufgegangen, stimmt's? Das wollten Sie doch nicht. Das wollten Sie beide nicht. Aber jetzt ist es nun mal passiert.

Warum, verdammt nochmal? Und warum immer wieder?

Als Entschuldigung kann ich Ihnen anbieten – Sie haben's ja nicht anders gelernt. Wer hat Ihnen dann je gezeigt, wie man richtig kommuniziert? Die Politiker im Fernsehen? Die sogenannten „Debatten" und „Diskussionen" in diversen Sendungen?

Ganz ehrlich – dort hat man das Gefühl, wer in seinem Redeschwall als erster Luft holt, hat verloren. Nein, so also nicht. Aber wie dann?

Das Geheimnis guter Gesprächsführung ebenso wie das Geheimnis einer vernünftigen Diskussion und sogar das einer guten Streitkultur heißt „Aktiv Zuhören". Was ist das?

Aktiv Zuhören besteht aus 4 Phasen:

▸ ***1. Zuhören!*** Wirklich zuhören! Nicht nach dem ersten Satz bereits das Gegenargument im Kopf formulieren und auf Durchzug schalten, bis der andere Luft holen muss. Zuhören und nicht sich an Worten aufhängen wie „immer ..." oder „nie ..." und gleich mit „nein, nicht immer!" oder „doch, letzte Woche!" zu kontern. So zuhören, als müsste man es anschließend niederschreiben, inklusive dessen, was der andere noch zwischen den Zeilen unausgesprochen mitsendet (was bei Männern in der Regel meist recht wenig ist ...).

▸ ***2. Ausreden lassen!*** Ja, Sie hören richtig – ausreden lassen! Sie mögen es nicht, wenn Sie unterbrochen werden, selbst wenn Sie in den Augen Ihres Gegenübers den letzten Unsinn daherreden würden. Derjenige mag es auch nicht. Also lassen Sie's!

▸ ***3. Nachdenken!*** Was? Nachdenken! Über das, was der andere mir wirklich sagen will und darüber, was ich darüber denke und dazu von mir geben möchte. Und dieses Nachdenken erfolgt, nachdem ich den anderen habe ausreden lassen und nicht, während er noch spricht – dann hören Sie ihm nämlich nicht mehr zu … und verpassen womöglich das Eigentliche der Aussage.

Und wenn Sie Zeit brauchen zum Nachdenken?
Umso besser! Sagen Sie's. Sagen Sie, „Ich denke gerade darüber nach." Wie fühlt sich das denn an, wenn jemand über das, was Sie gerade gesagt haben, nachdenkt? Gut? Richtig gut?

Fühlt es sich nach „ernstgenommen werden" an?
Na also.

Dann tun Sie's doch auch – 10, 15 Sekunden, eine halbe Minute – kein Problem. Der andere wird gerne warten.

Und wenn Sie meinen, es wäre zu wenig Zeit? Wie war das noch vorher – da haben Sie nachgedacht, während der andere noch geredet hat … und jetzt, jetzt haben Sie Ruhe – Sie werden sehen, da denkt sich's auch schneller und vor allem effektiver. Und wenn Sie wirklich einmal mehr Zeit zum Nachdenken brauchen – kein Problem – dann verschieben Sie eben das Gespräch.

▸ *4. Ja, jetzt, endlich, – Antworten!*

Ich verspreche Ihnen eines – wenn Sie lernen, aktiv zuzuhören und sich nicht davon abbringen lassen, auch nach potentiellen Rückschlägen daran zu arbeiten, werden Sie und Ihre zukünftigen Gesprächspartner wirklich gewinnen: nämlich mehr

Respekt voreinander, Vertrauen zueinander, einen freien Kopf, Zeit, Gesundheit mangels Stresshormonen, einen besseren Schlaf, Harmonie und – letztlich ist es immer auch ein untrügliches Zeichen charismatischer Menschen – sie sind vor allem gute Zuhörer!

Fangen Sie an! Selbst, wenn Sie eh wussten, dass ich das sagen wollte …

15

Bilder malen für Fortgeschrittene

Bilder
malen für
rtgeschritte

15

Wären Sie Mitte der 90-er Jahre in Rio de Janeiro gewesen und hätten in einem Straßencafé, unter Palmen sitzend und einen heiß dampfenden, brasilianischen Cappuccino schlürfend, in der Zeitung geblättert, wären die Chancen hoch gestanden – gute Portugiesischkenntnisse vorausgesetzt – die Kolumne eines lateinamerikanischen Schriftstellers folgenden Inhaltes zu lesen: „*Ein Krieger des Lichts glaubt. Weil er an Wunder glaubt, geschehen auch Wunder. Weil er sich sicher ist, dass seine Gedanken sein Leben verändern können, verändert sich sein Leben. Manchmal wird er enttäuscht, manchmal verletzt. Aber der Krieger weiß, dass es sich lohnt. Für jede Niederlage gibt es zwei Siege. Alle die glauben, wissen das.*"

Heute, mehr als 20 Jahre später, finden sich diese Zeilen auf meinem Handy, in meiner Brieftasche, meinem Timer – vor allem aber längst in meinem Kopf und inzwischen auch im Kopf vieler meiner Seminarteilnehmer. Warum? Was bedeutet das denn, ein Krieger des Lichts zu sein? Nun, es bedeutet schlichtweg, bereit zu sein, für das Licht am Ende von so manchem Tunnel, in den uns das Leben wirft, für die Belohnung, die sich dahinter auftut, für all das, was uns dort erwartet, auch zu kämpfen. Aber eben nicht mit dem Schwert, sondern mit dem Kopf.

Der Darwin'sche „Kampf ums Dasein" war so gut wie nie das, was von der nationalsozialistischen Propaganda so gerne hineininterpretiert wurde, um die eigene Vorgehensweise als natürlichen Prozess zu rechtfertigen. Die Kontrahenten im „Kampf ums Dasein" standen sich in Wirklichkeit niemals gegenüber. Die Sieger hatten sich einfach besser entwickelt ~ nicht nur körperlich, sondern auch geistig, sie waren weniger schwerfällig, schneller im Denken, anpassungsfähiger, kreativer ... da halfen dem Säbelzahntiger auch seine Zähne nicht mehr.

Seit dieser Zeit sind die äußeren Feinde ohnehin weniger geworden und weniger und weniger. Und wenn Sie genau hinschauen, stellen Sie fest: da gibt es überhaupt nur noch einen und der begegnet Ihnen wenn, dann immer im Bad vor dem Spiegel ... wer sonst hindert Sie denn gerade daran, das zu erreichen, was Sie wollen? Kommen Sie, seien wir ehrlich. Die wenigsten Beziehungen kriseln, weil es einen anderen gibt, gegen den sie kämpfen müssten ~ da haben Sie selbst Mist gebaut. Ihre Traumfigur haben Sie nicht deshalb nicht, weil sie schon ein anderer hat und Sie müssten darum kämpfen ~ Sie haben sie nicht, weil Sie zu wenig dafür tun. Nokia ist nicht als ehemaliger Handyweltmarktführer beinahe in der Bedeutungslosigkeit verschwunden, weil Steven Jobs deren CEO einen Baseballschläger über den Schädel gezogen hat ~ sondern weil sie zu träge waren und den Zug verschlafen haben.

Nein – es sind schon lange nicht mehr die anderen, die uns an irgendetwas hindern. Es sind nur wir selbst. Genauer gesagt, unser Denken, das, was wir glauben. Nicht der religiöse Glaube, sondern das, was ich über mich glaube und über andere. Und über meine Chancen im Leben, meine Möglichkeiten und meine Fähigkeiten. Ob ich an mich glaube und glaube, dass ich etwas verändern kann. Ob ich glaube, dass ich die Dinge selbst in der Hand habe ~ oder ~ eben nicht.

Aber woher kommt dieser Glaube? Nun – er ist immer das Ergebnis der inneren Bilder, die wir in uns herumtragen: wie Beziehungen zu laufen haben oder Freundschaften, wie die Arbeitswelt und der Konkurrenzkampf aussehen, wie leicht oder schwer es ist, fit, gesund und zufrieden zu sein, sich selbst zu ändern ~ oder ~ eben nicht. Die wenigsten dieser Bilder haben wir uns allerdings selbst ausgesucht. Sie sind ein Sammelsurium aus Erziehung, Schule, Religion, Medien, Umfeld und ein bisschen Erfahrung. Diese inneren Bilder haben bisher Ihr gesamtes Denken geprägt, all Ihr Handeln, Ihren Glauben und Ihr Leben. Aber sind alle diese inneren Bilder wirklich die Bilder, die Sie sich ausgesucht hätten, wenn Sie die freie Wahl gehabt hätten. Ganz sicher nicht! Vor allem die nicht, die Ihnen heute hinderlich sind und die Ihnen bei der Erreichung Ihrer Ziele im Weg stehen.

Wie war das mit dem Krieger des Lichts ~ „*... weil er sich sicher ist, dass seine Gedanken sein Leben verändern können, verändert sich sein Leben ...*“

Denken Sie, dass irgendjemand auf dieser Welt auch nur irgendetwas erreichen kann, ohne vorher zu glauben, dass er es erreichen kann? Denken Sie ernsthaft, Sie könnten gesund werden, wenn Sie glauben, dass Ihnen das Medikament bestimmt nicht hilft? Denken Sie wirklich, eine Beziehung kann auch zwanzig oder dreißig Jahre lang harmonisch sein, wenn Ihre inneren Bilder sagen, nach sieben Jahren wird's eng? Und denken Sie tatsächlich, dass Sie geistig vollkommen fit 90 werden können, wenn Sie im Grunde Ihrer Seele glauben, ab 60 geht's bergab?

Dass Ihr Denken Ihre Handlungen steuert und diese wiederum Ihr Leben und Ihren Erfolg, liegt auf der Hand. Entscheidend ist allerdings, dass dieses Denken immer eine Folge Ihrer inneren Bilder ist. Und dabei gilt: Etwas zu glauben, heißt immer, sich ein Bild von etwas zu machen. Das, was Sie glauben, entspringt in der Regel diesen inneren Bildern und bestätigt sie immer wieder aufs Neue, oder ~ wenn Sie den Mut aufbringen, Neues zu glauben, entstehen neue innere Bilder, dann allerdings die Bilder, die Sie selbst bestimmen und aussuchen. Je öfter Sie das tun, umso mächtiger werden diese neuen inneren Bilder und beginnen Ihr Denken zu prägen, in der Folge Ihre Handlungen und damit Ihren Erfolg, Ihre Zukunft, Ihr Leben!

Alles beginnt beim Glauben – die Neurobiologie hat längst nachgewiesen, dass neue Verknüpfungen im Gehirn, und damit neue innere Bilder, alleine deshalb entstehen, weil ich mir etwas vorstelle und weil ich an diese Vorstellung glaube.

Was bedeutet das konkret für Sie? *Es bedeutet, dass Sie damit den Schlüssel zum wichtigsten Safe Ihres Lebens in der Hand halten: Ihrem Gehirn*! Wenn – und darin besteht kein Zweifel – innere Bilder das Fundament sind für all unser Denken und Handeln und damit für unser Leben und Sie diese inneren Bilder durch Ihre Vorstellung und Ihren Glauben verändern oder neu entstehen lassen können – wer bitte soll Sie dann noch aufhalten?

Zu glauben heißt für wahr zu halten, was man noch nicht sieht. Der Lohn für solchen Glauben ist, dass das, was man noch nicht sieht, wahr wird. Alle die glauben, wissen das!

16

Fast erfolgreich

Fast erfolgreich

16

Bevor Sie jetzt gleich verbal über mich herfallen ~ ja, Sie haben Recht, ich hätte dabei sein sollen ~ und ich bin jetzt auch überhaupt nicht in der Stimmung, mir irgendeine Ausrede für Sie einfallen zu lassen. Wenn Söhne Wettkämpfe haben, haben Väter dabei zu sein. Ja, Mütter natürlich auch. Und das gilt selbstverständlich auch für Töchter. Sonst noch was zu Political Correctness oder darf ich jetzt fortfahren? Ja? Danke!

Also ~ Judowettkampf. Denis, seinen achten Geburtstag noch in diesem Monat vor sich, kommt zuhause die Treppe heraufgestürmt – „Babu, ich bin fast Erster!" Fast Erster? Ich vergesse, begeistert drein zu schauen und frage „Was heißt fast Erster? Hast du gewonnen oder nicht?" „Nicht alle Kämpfe, deshalb ist einer vor mir." „Dann bist du also Zweiter?"

„Fast!" Hab ich schon erwähnt, dass ich ein sehr geduldiger Mensch bin? Nicht? Gut, es wäre eine sehr freie Auslegung der Wahrheit. Ich frage also in beinahe vollkommen entspanntem Ton: „ . . . und fast Zweiter, heißt was?"

„Da war noch einer besser, aber der ist auch ein Jahr älter." Vorsichtiger geworden in meinen offensichtlich voreiligen Schlussfolgerungen, frage ich nur „und du bist jetzt letztendlich was?" „Was heißt *letztendlich*?" „Erklär ich dir später. Wievielter, haben die Kampfrichter gesagt, bist du geworden?" „Dritter".

Ok, ich hielt es für den richtigen Zeitpunkt für ein Vater-Sohn-Gespräch, indem es Folgendes zu klären galt: „fast Erster“ gibt es nicht. Entweder jemand ist Erster oder er ist es nicht. Bei manchen Sportarten sind die Zeitabstände so knapp, dass auch der Zehnte gefühlt fast Erster ist und dennoch ist er im Ergebnis meilenweit davon entfernt.

Einem Siebenjährigen ist diese Formulierung absolut zu verzeihen – aber Erwachsenen?

Erster sein ist eine von diesen 100-Prozent-Geschichten im Leben. Entweder Sie sind es oder Sie sind es nicht. Sie können nicht zu 80 Prozent Erster sein. Dann sind Sie vielleicht Zweiter, Fünfter oder Siebter ~ jedenfalls zu 100 Prozent nicht Erster. Schwanger sein gehört ebenso in diese Kategorie ~ entweder Sie sind es oder Sie sind es nicht. Zu 90 Prozent schwanger heißt zu 100 Prozent nicht schwanger. Auch leben und tot sein sind solche 100-Prozent-Geschichten ~ Sie sehen also, alles was wirklich wichtig ist.

Nun gibt es Eigenschaften, die für Erfolg – also dafür, dass die Dinge in Ihrem Leben, die Sie sich wünschen und erträumen auch erfolgen – ebenfalls enorm wichtig sind. Stellen Sie sich folgende Situation vor: Sie fliegen im Urlaub mit einem kleinen Flugzeug auf eine Nachbarinsel. Sie erfahren, dass der Pilot, der vorher das Flugzeug durchgecheckt hat, zu 80 Prozent zuverlässig ist. Und ~ steigen Sie jetzt noch ein?

Oder ~ Sie haben die Möglichkeit, mit einem erfahrenen Bergführer auf einen Berg, auf dessen Spitze zu stehen Sie immer schon gereizt hat, zu klettern. Man erzählt Ihnen, dass Ihr Führer die Seile und Haken vor jeder Tour auf Risse und Brüche überprüft. Mit einer Disziplin von 90 Prozent. Und ~ klettern Sie mit? Glauben Sie Menschen, die fast glaubwürdig sind? Und wie fühlt es sich an, fast geliebt zu werden?

Bringen wir die Sache auf den Punkt – *wer zu 80 Prozent zuverlässig ist, ist unzuverlässig, wer zu 90 Prozent diszipliniert ist, ist undiszipliniert und wer fast glaubwürdig ist, dem würde ich kein Wort glauben.*

„Naja, Herr Heiss, aber in Ihren Beispielen geht's immerhin um mein Leben…" Stimmt! Und in Ihrem Leben – warum geht's da? Wissen Sie, wie viele Menschen erfolglos sind, in ihrem Job, ihren Beziehungen, ihrer Gesundheit, weil sie fast das Richtige machen? Oder tatsächlich das Richtige machen, aber eben nur fast genug davon. Sie scheitern an ihren Zielen, weil sie nur fast die Disziplin aufbringen, das zu tun, was notwendig ist. Fast alles lernen, was sie dafür wissen müssen. Fast die Zeit durchhalten, die es gebraucht hätte, das Ziel zu erreichen. Fast bereit gewesen wären, sich und ihr Denken zu ändern.

„Ja, aber 100 Prozent Disziplin…" Ich weiß, das Wort alleine klingt irgendwie schon so böse ~ und ist es bei genauer Betrachtungsweise doch wieder nicht. Was bedeutet es denn wirklich? Es bedeutet nichts anderes als sich hinzusetzen und zu überlegen, was zu tun ist, um ein bestimmtes Ziel zu erreichen. So konkret und detailliert wie nur irgend möglich. Dann brechen Sie es herunter auf das, was jeden Tag dafür zu tun ist. Und dann – halten Sie sich daran.

Tun Sie es nicht oder tun Sie es nur fast, wird es Ihnen gehen wie dem Mann, der auf den Berg gestiegen und fast bis zum Gipfel gegangen ist, wirklich fast. Zu 99 Prozent. Und zu wieviel Prozent kann er jetzt seinen Namen in das Gipfelbuch schreiben?

Genau: zu null Prozent. Er kann den Weg zehnmal so gehen, dann war er insgesamt zu 990 Prozent am Gipfel ~ und dennoch steht sein Name nicht im Gipfelbuch. Nicht mal der Anfangsbuchstabe. Nichts deutet auf seine Bemühungen hin. Ziel zu 100 Prozent verfehlt!

Riskieren Sie das nicht! Mein Sohn hat seine Lektion gelernt ~ neulich kam er mit einem Pokal nach Hause, fast Dritter, aber zu 100 Prozent Erster. Und Sie?

17

Walt Disneys Lektion fürs Leben

17

Warum gibt es auf der Welt so viele Donalds und nur so wenige Dagoberts? Sie meinen Donald Duck? Ja, den meine ich. Und seinen reichen Onkel? Genau den. Und Ihre Frage bezieht sich darauf, warum es so viele Arme gibt und so wenige Reiche? Knapp daneben. Na dann auf die Fleißigen und die Faulen? Wäre auch ein schönes Thema, aber nicht für heute. Heute geht es um etwas viel Spannenderes und gleichzeitig Unbegreiflicheres – es geht um das „Donald-Duck-Syndrom".

Das kennen Sie nicht? Oh doch – Sie wissen es nur noch nicht.

Ich war gerade Mitte 20 und arbeitete für einen großen Konzern im Vertrieb. Trotz oder vielleicht sogar wegen recht ansehnlicher Erfolge wurde ich auserkoren, ein neues Kundenkontaktgespräch zu testen. Man hatte mir eine Art Coach zur Seite gestellt und nach wenigen Tagen saß ich zur ersten Berichterstattung bei ihm.

„Das Gespräch funktioniert nicht", war mein Einstieg, den er recht unbeeindruckt mit der Frage „*Wie viele hast du denn geführt?*" beantwortete. „Keine Ahnung", meinte ich, „jedenfalls genug um zu wissen, dass sie nicht funktionieren." „*Aha. Und wie viele hast du gemacht?*" „Pfff – ich hab nicht mitgezählt." „*Komm. Wie viele?*" „Wieso ist das wichtig?" „*Wie viele?*" „Eine ganze Menge, das kannst du mir glauben." „*Gut. Wie viele?*" „Wird das jetzt ein Verhör, oder was?" „*Nein. Wie viele waren es?*"

Ich schnaufte einmal tief ein und aus – er sollte eine Chance bekommen, aufzuhören mich zu nerven. Es half genau gar nichts. „*Wie viele?*" „... Drei ..." „*Ok*", meinte er, „*wenn du hundert gemacht hast, sprechen wir wieder darüber!*"

Das saß! Hundert also. Es dauerte einige Tage, bis ich die Lektion begriff. Ich hatte den Fehler gemacht, exakt dasselbe zu tun, was mich als Kind beim Lesen von Donald-Duck-Geschichten schon immer auf die Palme gebracht hatte: Wann immer Donald etwas unternimmt, geht es erstmals schief. Gut, das kann man noch hinnehmen, aber er versucht es nie, ausnahmslos nie ein zweites Mal. Egal, wie einmalig oder zufällig die Gründe des Scheiterns sind. Niemals ein zweiter oder dritter Versuch. Immer – Abspann und Ende.

In den Geschichten über seinen Onkel Dagobert das genaue Gegenteil. Egal wie viele Prügel ihm die Panzerknacker, die Hexe Gundel Gaukeley, das Schicksal oder wer auch immer zwischen die Beine werfen, egal, was andere sagen oder denken, er macht's nochmal und nochmal und nochmal. Jedes Mal ein bisschen besser. Und am Schluss – gewinnt er. Immer!

Ein Märchen? Kindergeschichten? Nein, tägliche Realität um uns herum. Auf der einen Seite die „Das hab ich schon mal versucht, das hat nicht geklappt und ich kann das auch nicht – Donalds", auf der anderen Seite die „Alles klappt und ich kann alles lernen, wenn ich es nur oft genug wiederhole – Dagoberts".

Unzählige Menschen machen den Fehler und geben ihre Ziele und Träume auf, weil ihre Methode beim ersten oder zweiten Anlauf nicht geklappt hat. Sie bewundern die Dagoberts und denken selbst wie Donald, anstatt einfach so lange weiter zu machen, bis sie das gewünschte Resultat erreichen. ***Ein Mal mehr geht immer***!

Schauen Sie sich die wirklich Erfolgreichen, die Großen auf dieser Welt an, egal in welchem Metier, in welcher Branche, zu welcher Zeit – das waren und sind keine Zufalls-Donalds, das waren und sind immer Dagoberts – Dagoberts im Denken und Dagoberts im Handeln.

Egal ob im Sport, bei Ihrer Figur, Ihrer Gesundheit, Ihrer Beziehung, Ihren Aufgaben im Job, vor allem aber Ihren Träumen und Zielen – werden Sie ein Dagobert!

18

Schön-
wetter-
Menschen

18

Also – da müssen Sie jetzt Verständnis haben, aber ich hatte echt überhaupt keine Zeit für diese Geschichte. Überhaupt nicht! Es ist ja nicht so, dass ich nicht gewollt hätte – Sie wissen ja, wie wichtig Sie mir sind. Aber Sie glauben gar nicht, was mir alles dazwischen gekommen ist.

Wie, das interessiert Sie jetzt gerade nicht? Macht nichts, ich erzähl's Ihnen trotzdem. Es ging ja schon damit los, dass mein Wecker heut Morgen nicht ging und ich in Folge dessen verschlafen habe. Ich weiß genau, dass ich ihn gestern gestellt habe, diesen undankbaren Apparat– aber nein, der Herr ist sich ja zu gut zum Klingeln. Dann ist mein Smartphone zuhause liegen geblieben – dabei habe ich's noch gesehen neben meiner Geldtasche. Keine Ahnung, wo dieses dämliche Ding dann hin ist. Jedenfalls durfte ich umkehren. Muss ich Ihnen sagen, was das heißt – morgens – im Stoßverkehr? Muss ich nicht, oder?

Viel zu spät komme ich endlich ins Büro, will schnell meine Mails beantworten – und, was soll ich Ihnen sagen, kein Internet! Ich denke noch, das gibt's doch nicht. Gebühren kassieren, ja, da sind sie alle schnell, aber wenn du Netz brauchst – Pustekuchen. Wie soll ich meine Mails beantworten ohne Internet? Jedenfalls, nach 10 Mal ein- und ausschalten, rumtelefonieren und Warteschleife, erklärt mir so ein Service-EDVler, ich hätte irgendeinen Knopf gedrückt und deshalb war der Laptop offline. Ja wahrscheinlich, ich! Weil ich sonst nichts zu tun habe, außer falsche Knöpfe zu drücken. Sei's drum – als ich also endlich Netz habe: 47 Mails! Sie können sich das nicht vorstellen, ohne Spams, siebenundvierzig! Deshalb, wie gesagt, Sie werden Verständnis haben, dass die heutige Geschichte ausfällt – aber – 47 Mal antworten und dann kamen auf meine Antworten wieder Antworten – ich sag's Ihnen ... ! Wer immer diesen Mist erfunden hat – ich hab nicht darum gebeten!

Trotz alledem hab ich mich dann noch hingesetzt, um die heutige Geschichte für Sie zu schreiben – und – noch bevor ich überhaupt ein Wort geschrieben habe, läutet das Telefon: „Nein, das Seminarhotel hat leider keinen Deckenbeamer, aber bisher waren alle Referenten sehr zufrieden ... und Fernbedienung für die Musikanlage gibt es leider auch keine, aber man könnte mir ja Laptopboxen hinstellen ...". Super – genau mein Tag. Ich werd mir morgen im Seminar also geschätzte 150 Mal selbst durchs Beamerbild laufen und zur Krönung mit 2,5-Watt-Boxen 80 Menschen beschallen. Freu mich jetzt schon drauf!

So – glauben Sie im Ernst, ich bin jetzt noch in der Stimmung, Ihnen etwas für den heutigen Tag mitzugeben? Selbst wenn ich wollte, das wird nichts mehr! Das verstehen Sie sicher! Oder?

Wie? Nein? Warum nicht? Das sollte Ihnen doch bekannt vorkommen. Nein, natürlich nicht von Ihnen selbst. Von den

Anderen! Sie selbst würden so was nie tun: Gründe nennen, warum Sie etwas, das Sie zugesagt haben, nicht gemacht haben. Wär ja auch lächerlich, oder? Und ganz ehrlich – wen sollte das denn interessieren? Die vermeidlichen Ursachen, warum Sie einen Rückruf, auf den der andere wartet, nicht getätigt haben. Warum Sie eine Arbeit, die Sie zugesagt haben, nicht erledigt haben. Warum Sie sich zum vereinbarten Termin nicht oder erst verspätet eingefunden haben. Oder warum Sie eine Schuld immer noch nicht beglichen haben.

Wen interessiert die Geschichte vom Stau oder dem Schnee auf der Straße, vom Aufgehalten werden, dem Stress, den widrigen Umständen und all den anderen Ausreden, die als Gründe dafür herhalten müssen, dass viele Menschen einfach eines sind: unzuverlässig!

Wenn Ihnen das zu hart ist, nennen wir sie „Schönwettermenschen". Klingt netter, oder? Ändert nur leider nichts an den Tatsachen. Ist das Wetter schön, läuft alles wie am Schnürchen. Aber wehe, es gibt eine Handvoll Wolken am Himmel, oder ein paar Regentropfen, oder womöglich ein Gewitter, oder es ist zu kalt, oder zu heiß ... ja dann – dann gibt's natürlich Einschränkungen! Dann muss man natürlich Verständnis haben, dass alles Zugesagte jetzt so nicht mehr gemacht, eingehalten, durchgezogen werden kann. Damit konnte nun wirklich keiner rechnen ...

Wissen Sie was – ich mach mich jetzt einfach mal unbeliebt und sage Ihnen auf den Kopf zu – ich glaube, manchmal sind Sie auch ein Schönwettermensch. Damit sind Sie zwar in zahlenmäßig weit überlegener, aber nicht in „guter" Gesellschaft. In „guter" Gesellschaft sind Sie dann, wenn sich andere Menschen, Ihre Familie, Ihre Mitarbeiter, Ihre Geschäftspartner, Ihr Chef, einfach alle, die mit Ihnen zu tun haben, darauf verlassen können, dass Sie das, was Sie sagen, auch tun werden. *Nicht manchmal, nicht oft, sondern immer*! Die Geschichte, wie Sie etwas geschafft haben, trotz Nebel und Hagel und Sturm, ist immer interessanter als die Ausreden, warum Sie etwas nicht geschafft haben. Und unter uns – es interessiert auch niemanden.

Was ist also die Quintessenz aus alldem? Sie klingt so einfach und dennoch gelingt es nur sehr wenigen Menschen: Sagen Sie nur Dinge zu, die Sie wirklich einhalten wollen! Und werden! Und dann halten Sie sie auch ein, unabhängig von äußeren Umständen!

In der „guten" Gesellschaft, dort wo die Zuverlässigen zuhause sind, wird man Sie daran messen!

19

Quo vadis?

Quo vadis?

Tiefster Dschungel – eine Machete – **kein** Kompass und Sie. Es ist heiß und feucht. Sie haben keine Ahnung, hinter welchem Baum die nächste Gefahr lauert und Sie haben nur ein Ziel: so schnell wie möglich weg von hier.

Sie schauen sich um – da – links von Ihnen scheint es etwas lichter zu sein – also nehmen Sie Ihre Machete und bahnen sich Ihren Weg. Keine hundert Meter und Sie stehen vor einer tiefen Schlucht. Na toll, links undurchdringlicher Urwald, zurück kommt nicht in Frage, also halb rechts, das könnte gehen. Sie schaffen einen halben Kilometer. Auf einmal – ein Sumpf, fast wären Sie hineingefallen. Glück im Unglück – da rechts, das sieht fast aus wie ein Pfad – zugewachsen zwar, aber mit der Machete kein Problem.

Plötzlich – was war das? Ein dumpfer Laut, Knacken, ein Ast bricht ~ Sie sind definitiv nicht mehr allein. Da – ein Schatten, noch einer – jetzt ganz still stehen – noch nehmen die Gorillas keine wirkliche Notiz von Ihnen. Mit 180 Puls fällt das Denken zwar schwer, aber eines ist klar: weg hier und zwar sofort! Halb rechts ein Fluss, nichts wie Durchwaten und geradeaus. Gut, in Sicherheit. Und jetzt? Da vorne ist eine offene Fläche, wie niedergetrampeltes Gestrüpp – endlich ein Platz, um kurz auszuruhen. Also nichts wie hin. Und jetzt stehen Sie da und stellen fest – derjenige, der das niedergetrampelt hat ~ das waren Sie! Sie sind wieder da, wo Sie losgegangen sind.

Wie konnte das passieren? Haben Sie schon mal Menschen Dinge sagen hören, wie „Ich will nicht so werden wie meine Mutter!" oder „Ich habe keine Lust, so ein Leben zu führen wie mein Vater!"? Gefolgt von diversen Begründungen und Vertiefungen, was man alles konkret und im Detail nicht sein oder werden möchte. Und ~ ist Ihnen aufgefallen, dass viele dieser Menschen dann genau so werden wie ihre Mutter oder exakt das gleiche Leben führen wie ihr Vater.

Bei einem der letzten Seminare sagte eine Teilnehmerin am Abend an der Bar zu mir: „Ich fürchte mich schon wieder richtig vor dem nächsten Skiurlaub. Der Stress beim Einpacken artet jedes Mal aus. Was kann ich tun, damit das nicht wieder im Streit endet?" Lassen wir diese Frage stellvertretend stehen. Stellvertretend für all jene Fragen, die sich Menschen so oft stellen und all jene falschen Ziele, die sich daraus ergeben ~ nämlich etwas nicht haben zu wollen, nicht sein oder werden zu wollen, nicht leben oder enden zu wollen wie ... oder, wenn die jetzige Situation unbefriedigend ist, von dieser einfach nur weg zu wollen. Eine der Hauptursachen übrigens, weshalb die Rückfallquote für Menschen mit depressiven Zuständen so hoch liegt ~ die meisten wünschen sich nur, „nicht mehr depressiv" zu sein. Sie wünschen sich also, wovon sie weg wollen, aber nicht, wo sie hin wollen und das ist ein elementarer Unterschied!

Sehen Sie – heute muss kein Mensch mehr Management- oder Lebenshilfeseminare besuchen, um zu wissen, dass er für jegliche Art von Erfolg vor allem eines braucht: ein klar definiertes Ziel. Was oft aber völlig unklar ist: ***Etwas nicht zu wollen ist kein Ziel*** und von etwas weg zu wollen, auch nicht. Wir haben doch gesehen, wo Sie vorhin gelandet sind. Am Ausgangspunkt, dort wo Sie zu Beginn schon waren – und das ist auch genau das, was viele in ihrem Leben empfinden: „Ich tue und mache, aber irgendwie habe ich das Gefühl, ich komme nicht von der Stelle."

Was wäre gewesen, wenn Sie vorhin im Dschungel im Besitz eines Kompasses gewesen wären und nicht gesagt hätten „Ich will hier weg", sondern festgelegt hätten „Wo will ich hin?" Dann hätten Sie den Weg bestimmt, der dort hin führt und wären dem gefolgt. Schluchten, Sümpfe und Gorillas sind dann Herausforderungen auf dem Weg, denen es nicht auszuweichen, sondern die es zu bewältigen gilt ~ aus Lianen kann man sich ein Sicherungsseil machen, aus Baumstämmen ein Floß bauen und selbst für die Gorillas dieser Welt – vermutlich fällt Ihnen auch gerade irgendeiner ein – gibt es gute Rezepte, wenn Sie die Ruhe bewahren und Ihre Angst nicht zeigen. Am Ende wären Sie dort angekommen, wo Sie hinwollten ~ und ~ automatisch ~ auch raus aus dem Dschungel.

Die Voraussetzung dafür: Sie brauchen einen Kompass! Und ein richtig formuliertes Ziel ist genau das – Ihr Kompass! Dieser hilft Ihnen allerdings wenig, wenn Sie nach Westen wollen und sich sagen „Ich will auf keinen Fall nach Osten gehen."

Dann bleiben zu viele Möglichkeiten, das Ziel immer noch zu verfehlen. Wenn Sie in Innsbruck mit dem Vorsatz starten „Ich will auf keinen Fall in Richtung München fahren“, wie groß ist dann die Wahrscheinlichkeit, nach Rom zu kommen? Plus minus Null, genau. Und ebenso wenig werden Sie Münzen werfend an der Fontana di Trevi sitzen, wenn Ihr Ziel „Ich will weg von Innsbruck“ lautet.

Erinnern Sie sich noch an die Macht der inneren Bilder, über die wir gesprochen haben? Wie soll denn zum Beispiel ein Bild zu „Ich will mir nicht immer Sorgen machen!“, „Ich will nicht so undiszipliniert sein!“ oder „Ich will keinen Stress mehr haben!“ aussehen? Die einzigen Wörter, zu denen sich Ihr Unterbewusstsein jetzt ein Bild machen kann, sind „Sorgen“, „undiszipliniert“ und „Stress“. Damit gerüstet, macht es sich nun auf die Suche, mit dem Ziel, auf der gehirneigenen Speicherplatte alles zu finden, was dazu passt ~ um es anschließend zu aktivieren und Ihnen damit zu helfen, genau das zu bekommen, was Sie eben nicht wollten!

Ein Ziel zu haben macht also noch lange keinen Erfolg. Es muss richtig formuliert sein. Wenn Sie Ihr Ziel nicht klar als das definieren, was Sie wollen, wann Sie es wollen und wie Sie es erreichen wollen, werden Sie den Problemen, denen Sie auf dem Weg dorthin begegnen, ausweichen anstatt sie zu bewältigen. Und dann landen Sie irgendwo, nur nicht dort, wo Sie hinwollten. Das wäre nicht schade ~ das wäre ein Drama! Das Drama des Lebens, das viele erst zu spät erkennen – nämlich dann, wenn es fast vorbei ist – nicht das Drama, sondern das Leben.

Das wirklich Dramatische daran ist, dass es so leicht zu verhindern gewesen wäre: mit einer einfachen Umstellung in der Formulierung der Ziele. Durchforsten Sie Ihre und formulieren Sie nur das, was Sie wollen und niemals das, was Sie nicht wollen.

Niemand wird Erster, der sich zum Ziel setzt, nicht Letzter werden zu wollen.

Halten Sie sich stets vor Augen: Der Dschungel des Lebens hat seine eigenen Regeln ~ eine Machete ist hilfreich, ein Kompass unverzichtbar!

20

… und was ist wenn?

… und was ist wenn?

20

Napoleon legt man den Satz in den Mund „Ein Feldherr darf verlieren, aber er darf niemals überrascht werden!“ Wir schreiben das Jahr 1987 und ich arbeite als Sportanimateur in einem Ferienclub in Griechenland. Die bedeutungsschwangeren Weisheiten napoleonischer Aussagen sind bisher spurlos an mir vorübergegangen. Leider! Denn – wie sich herausstellt, gelten diese nicht nur für Feldherrn. Personell unterbesetzt und teilweise mit Kollegen ausgestattet, deren gesellschaftliche Wiedereingliederung zumindest fragwürdig wäre und deren Anwesenheit eher auf einen offenen Feldversuch der Psychiatrie schließen lässt, werde ich nämlich dauernd überrascht. Zum Beispiel dadurch, dass einer dieser Kollegen für den Bühnenspot einen Gast(!) eingeteilt hat, der mit beispielloser Ignoranz immer gerade den beleuchtet, der nichts zu sagen hat – und der in Folge dessen verwirrt und mit verzweifeltem Blick im Scheinwerferlicht umherirrt.

Oder dadurch, dass während der Show mal eben der Strom für zehn Minuten ausfällt und wir unter den mitleidigen Blicken der Zuschauer im Stockdunkeln im Theater herumstolpern. Oder dadurch, dass der Herr Musikanimateur das falsche Playback spielt und folglich die Mundbewegungen der Darsteller so gut zum Text passen wie Himbeereis zu Kartoffelpüree. Beinahe ebenso groß ist meine Überraschung, als unser Bootsfahrer, nachdem ich mit den Trickskiern etwa einen Kilometer vom Ufer entfernt stürze, zum Spaß noch eine übergroße Schleife fährt und ihm an dem von mir am weitesten entfernten Punkt der Sprit ausgeht! Noch überraschter wäre ich nur gewesen, wenn er ein Ruder dabei gehabt hätte … nun denn, wo die Sonne der Intelligenz tief steht, wirft die Dummheit lange Schatten.

So was kann doch alles mal passieren, werden Sie jetzt einwenden. Und ~ Sie haben Recht! Einmal ja, zweimal vielleicht, aber immer wieder? Nein! Also entwickelte ich damals aus der Not meinen ersten „*Was-Ist-Wenn*"-Plan. Der etwas hölzerne Name hat die Zeit überdauert und ist bis heute erhalten geblieben, allein schon deshalb, weil er selbsterklärend ist: der *Was-Ist-Wenn*-Plan sagt mir, *was* zu tun *ist*, *wenn* etwas nicht so läuft, wie eben ursprünglich geplant.

Es ist immer wieder erstaunlich, wie wenige Menschen so etwas haben. Vielleicht liegt die Antwort darin, dass, wenn jemand ohnehin keinen Plan hat, er auch keinen *Was-Ist-Wenn*-Plan braucht. Aber das ist eine bislang unbestätigte Vermutung …

Wahre Meister in *Was-Ist-Wenn*-Plänen sind jedenfalls gute Anwälte ~ „Was tue ich, wenn dieser oder jener Zeuge nicht das aussagt, was ich erwarte?" Oder gute Chirurgen ~ „Was mache ich, wenn ungeplante Komplikationen eintreten?" Oder gute Ingenieure ~ „Was tun wir, wenn im Tunnel entgegen jeder Berechnung plötzlich Wasser von der Decke kommt?" Diese Menschen haben ihren Plan B, ihren *Was-Ist-Wenn*-Plan! Sie stehen nicht da und sind überrascht und sagen „Oh, das hab ich nicht erwartet." Ganz im Gegenteil, sie erwarten schon die Überraschung, erwarten, dass es anders kommen könnte und sind darauf vorbereitet.

Interessanterweise gelingt es aber selbst solchen Menschen oft nicht, ihre beruflich so erfolgreiche Vorgehensweise aufs Privatleben zu übertragen. Ich kenne Anwälte, die sind jedes Jahr aufs Neue überrascht, wenn Weihnachten auf den 24. Dezember fällt und bekommen am 23. Einkaufsstress. Ähnliche Szenarien drohen bei vollkommen unerwarteten Hochzeitstagen oder Geburtstagen.

Von solchen weitverbreiteten „Überraschungen" einmal abgesehen, begegnet uns der mangelnde *Was-Ist-Wenn*-Plan tagtäglich. Nehmen Sie alleine Verkäufer, die von einer Absage in die nächste stolpern, ohne eine brauchbare Antwort auf die Frage gefunden zu haben: „Was tue ich, wenn mein Kunde ***„nein"*** sagt? Was, wenn er sagt, er muss es sich erst überlegen?" Das ist Daily Business für jeden Verkäufer und dennoch reagieren manche darauf, als hätte David Copperfield den Satz gerade aus dem Hut gezaubert.

Nur um jegliches Missverständnis auszuschließen – wenn Sie am Hang wohnen, fünfzig Meter über dem nächsten Fluss, brauchen Sie keinen *Was-Ist-Wenn*-Plan für Überschwemmungen. Wenn Sie neben dem Fluss wohnen, schon!

Wer keinen *Was-Ist-Wenn*-Plan hat, wer auf das vielleicht nicht Wahrscheinliche, aber ohne weiteres Mögliche nicht vorbereitet ist, verliert, wenn die Situation dann eintritt, im schlimmsten Fall die Nerven, mit Sicherheit aber wertvolle Zeit und die Chance, ruhig, angemessen und vor allem sinnvoll zu reagieren.

Dabei brauchen Sie für *Was-Ist-Wenn*-Pläne weder eine Glaskugel noch wahrsagerische Fähigkeiten. Sie erwachsen allerdings auch nicht einem „Das-konnte-ja-kein-Mensch-voraussehen-Denken." Es reicht, wenn Sie sich im Vorfeld überlegen: was könnte schiefgehen? Oder oft noch einfacher: was ist in vergleichbaren Situationen schon einmal oder sogar öfters schiefgegangen? Und was werde ich tun, wenn das wieder eintritt?

Wenn Sie sich zur Gewohnheit machen, so zu denken, werden Sie nicht nur effektiver im Handeln – Sie werden auch gelassener, wenn Unerwartetes passiert und das wiederum ist nicht nur gut für Ihre Wirkung auf andere, sondern ganz besonders auch für Ihre Nerven und Ihre Gesundheit.

Lassen Sie es für sich zur Selbstverständlichkeit werden – sobald eine so nicht geplante Situation spätestens zum zweiten Mal eintritt: Machen Sie einen *Was-Ist-Wenn*-Plan für das dritte und alle folgenden Male. Das kann ein Plan für das verregnete Wochenende, für das nur ein Schönwetterprogramm existierte, ebenso sein wie ein Sicherheitsgeschenk in der Schublade für vergessene Festtage. Ein versteckter Geldschein im Auto, wenn Sie die Brieftasche zu Hause vergessen haben ebenso wie der Notschlüssel außerhalb der Wohnung. Es kann aber auch einfach die Frage sein ~ wenn ich unerwartet Zeit gewinne, ich also etwas schneller erledigt habe oder mich jemand versetzt hat, was tue ich in dieser Zeit dann Sinnvolles? Welche Telefonate gehören erledigt, welches Buch kann ich lesen, was kann ich spontan erledigen? Glauben Sie mir, wenn Sie erst anfangen darüber nachzudenken, wenn es soweit ist, ist die Zeit um, bevor Sie auch nur begonnen haben, sie sinnvoll zu nutzen.

Durchforsten Sie Ihren Plan für den heutigen Tag, diese Woche oder auch den gesamten Monat. Überlegen Sie, was könnte schiefgehen. Ärgern Sie sich nicht, wenn's anders kommt als geplant. Planen Sie stattdessen, wie Sie damit umgehen und darauf reagieren werden. Planen Sie Ihre „Was" zu den zukünftigen „Wenns". Die Souveränität, die Sie dadurch gewinnen, wird dann bald das Einzige sein, was Sie noch überrascht.

21

Ballon-fahrer-Einmaleins

Ballon-fahrer-Einmaleins

21

Als Walt Disney nach seinem überwältigenden Erfolg mit dem Animationsfilm „Die drei kleinen Schweinchen“ bedrängt wurde, doch möglichst bald eine Fortsetzung davon zu machen, meinte er nur „Man kann Schweine nicht mit Schweinen übertreffen.“

Eine interessante, vor allem aber auch mutige Aussage, hinter der eine Art zu denken steckt, die man sich in mehr Regisseur- und Produzentenköpfen wünschen würde in Anbetracht der heute gängigen Vorgangsweise, nach jedem auch nur einigermaßen erfolgreichen Film sofort einen zweiten, dritten und vierten Teil, in der Regel allerdings mit verkehrt proportionaler Qualität, zu produzieren. Disney hingegen war es zu dieser Zeit bereits gewohnt, über den Tellerrand hinaus zu denken ~ spätestens seit ihm die großen Studiobosse und auch all diejenigen, die es schon immer besser wissen und wussten, in seinen Anfangsjahren prophezeit hatten, dass man mit einer überdimensionalen Maus keinen Erfolg haben könne. Alle Frauen würden panisch aus dem Kino und vor dem Fernseher flüchten …

Heute, Jahrzehnte und unendliche Micky Mouse Erfolge später solche Aussagen zu belächeln ist leicht. Viel schwerer scheint es den meisten Menschen zu fallen, etwas daraus zu lernen und zwar für sich ganz persönlich.

Es war noch während meines Studiums, als ich anfing, in Ferienclubs zu arbeiten und dafür die Universitätsferien teilweise um einen Monat sowohl nach vorne als auch nach hinten zu verlängern. So kam es, dass ich die Chance hatte, 1985 bei der Eröffnung der ersten deutschsprachigen Clubanlage in der Türkei dabei zu sein. Wenig erbaulich und marginal motivierend waren allerdings die Bemerkungen meiner Kommilitonen, die mich während der letzten Tage vor meiner Abreise begleiteten.

„*Gibt es da überhaupt deutschsprachige Zeitungen?*" „Wahrscheinlich nicht!" „*Was gibt's denn dort zum Essen?*" „Keine Ahnung." „*Super, und Fernseher kriegst du einen?*" „Nein, aber vermutlich steht einer in der Kantine." „*Mit deutschen Sendern?*" „Wahrscheinlich nicht!" „*Dann kriegst du ja überhaupt nichts mit!*"…

Das schienen ihre Hauptprobleme zu sein. Das und dass ich ja nicht einmal die Sprache konnte, mir das Zimmer teilen sollte und nur einen Tag pro Woche frei hatte. „Wow, welche Chance auf etwas Neues!" habe ich leider kein einziges Mal gehört.

Als ich nach fünf Monaten zurückkam, hatte sich für mich die Welt verändert. Jeweils sechs Tage mit neuen Menschen und der eine freie Tag pro Woche hatten mir Eindrücke und Einblicke beschert, die ich in keiner Schule, auf keiner Uni und auch aus keinem Buch hätte lernen können. Ich war in fünf Monaten „erwachsen" geworden. Erwachsen, indem ich dem eindimensionalen Denken „entwachsen" war ~ eine neue Kultur, eine andere Mentalität und ein anderes Denken kennengelernt hatte. Es kam mir so vor, als wären meine Studienkollegen, die großteils noch im Hotel Mama wohnten in ihrem eigenen Zimmer mit ihrem eigenen Fernseher, fünf Jahre jünger als ich. Ihre Probleme und Gesprächsthemen fand ich lächerlich, kindisch und kleinbürgerlich. Nichts davon, worüber ich ein halbes Jahr vorher vermutlich noch fleißig mitdiskutiert hätte, interessierte mich. Ich hatte das Gefühl, das alles hinter mir gelassen, wie einen lästigen Ballast abgeworfen zu haben.

Viele Jahre später machte ich meine erste Ballonfahrt und nachdem wir eine Zeit lang auf einer bestimmten Höhe verbracht hatten und sich langsam das Gefühl einstellte, schon alles gesehen zu haben, erklärte mir der Ballonführer: „Wenn du mehr sehen willst, müssen wir weiter hinauf. Keine Ahnung wohin der Wind uns dort oben weht, aber wenn du es herausfinden willst, musst du Ballast abwerfen!“ Da war es wieder dieses Bild ~ Ballast abwerfen.

Wissen Sie – wo immer Sie im Leben stehen ~ wenn Sie mehr sehen, mehr erfahren, mehr erleben, mehr erreichen oder einfach sich selbst weiterentwickeln wollen ~ kommen Sie nicht umhin, genau das Gleiche zu tun: ***Sie müssen Ballast abwerfen***! Aber bevor Sie damit beginnen, lassen Sie uns schauen, wo überall Sie einen finden werden. An jedem Ballon hängt ja nicht nur *ein* Sandsack. Die Dinge, die Sie oft zurückhalten oder zumindest bremsen, höher hinauf zu steigen, finden Sie zum Beispiel in Ihrer Erziehung und der damit einhergegangenen Prägung: wie man sich benimmt, was erlaubt ist und was nicht und vieles mehr. Mindestens einer Ihrer Sandsäcke heißt Gewohnheiten. Gewohnheiten, die Sie sich vor Jahren vielleicht nicht einmal bewusst angewöhnt haben und die Ihnen heute sogar eher im Weg stehen. Sie werden am Ballon Ihres Lebens auch Säcke finden mit der Aufschrift Erfahrung, Rituale, Traditionen und Tabus. Einen weiteren werden Sie finden mit Regeln und auch einen mit niemals wirklich hinterfragten Überzeugungen. Und dann gibt es noch einen ganz großen Sack voll Ballast mit dem Namen „bisheriges Denken und Bequemlichkeiten".

All diese Ballastsäcke halten Sie auf Ihrem jetzigen Niveau fest. Vielleicht haben sie Ihnen sogar dabei geholfen, dieses Niveau überhaupt zu erreichen. Aber jetzt – jetzt helfen sie nur noch, um die Höhe zu halten, nicht mehr um höher zu steigen. Womöglich sind Sie ja auch ganz zufrieden mit der Höhe, auf der Sie sich befinden. Womöglich sagen Sie sich – das passt doch, ich hab ja alles. Das ist schön. Aber was, wenn es mehr als alles gäbe? Etwas, das sich zu erfahren lohnt, das sich aber hinter den Gewohnheiten und Prägungen, den Traditionen, Tabus und dem bisherigen Denken verbirgt?

Schnappen Sie sich heute mal einen dieser Säcke und schauen Sie hinein. Ich bin überzeugt, Sie finden darin Dinge, die Sie nicht wirklich brauchen, aber die Sie am Aufsteigen hindern. Schneiden Sie ein kleines Loch in den Sack und lassen Sie ein bisschen etwas davon herausrieseln. Je öfter Sie das tun, umso höher wird Ihr Ballon steigen. Wohin Sie der Wind dann da oben trägt, wissen Sie nicht, aber wenn Sie nicht beginnen Ballast abzuwerfen, werden Sie es auch niemals herausfinden!

22

Such-maschine im Kopf

Such-maschine im Kopf

22

Ok, es ist Zeit. Zeit ausführlicher über das zu reden, was letztendlich über jeden Erfolg in Ihrem Leben entscheidet, aber auch über jeden Misserfolg: Ihr Gehirn. Genau genommen über eine spezielle Eigenschaft Ihres Gehirns.

Zeitsprung: Wir schreiben das Jahr „*Es-gibt-noch-keine-internetfähigen-Handys*" - für die Leser der X-Generation, ja, es gab tatsächlich einen solchen Abschnitt in der Menschheitsgeschichte – damals also, in den 90-er Jahren des letzten Jahrhunderts begab sich folgende Geschichte ~ bei der, wie mir gerade bewusst wird, auch das internetfähige Handy mangels Netzverbindung nichts genutzt hätte ~ damals also, sonst ist die Geschichte aus, bevor ich die eigentliche Geschichte überhaupt erzählt habe, saßen und lagen wir auf einem mit über 20 Metern Länge für uns sechs völlig überdimensionierten, aber umso bequemeren Segelschiff und schipperten durch die türkische Ägäis. Irgendwie waren wir mit Blick auf einige griechische Inseln, die sich teilweise nur einen Steinwurf vor der türkischen Küste befinden, auf Alexis Zorbas und damit auf Filmklassiker zu sprechen gekommen.

„Erinnert Ihr euch an den Film, der in Frankreich spielt, auch so ein Klassiker ... wie hieß der schnell ... egal, mit dem Schauspieler ... dings ... der Film hat ihn erst berühmt gemacht ... das gibt's doch nicht ... Ihr wisst schon, Ihr kennt den sicher, der heißt so ähnlich wie der, der in der Serie gespielt hat, mit der Hexe ... diese alte Serie, er war Offizier bei der Navy oder so

... und der, den ich meine, der heißt fast genau so ... der spielt immer solche Rollen, so ... ahh“. Es war zum Verzweifeln. Jetzt fiel mir gar nichts mehr ein. Gehirnferien! Und die Hilfestellung meiner Freunde hielt sich in Grenzen ~ falsche Filme, falsche Namen, falsche Serien.

Mindestens sechs Stunden, etliche Gesprächsthemen, Aktivitäten und ein Abendessen später sitzen wir unter einem sternenklaren Nachthimmel und philosophieren über Zeitreisen ~ und plötzlich, vollkommen ungefragt und ebenso unpassend bricht es aus mir heraus: „French Connection, Gene Hackman und die Serie hieß „Bezaubernde Jeannie“ mit Larry Hagman“. Außer mir scheint sich keiner besonders darüber zu freuen. Was da allerdings in meinem Gehirn passiert ist, verstehe ich auch erst viele Jahre später.

Sie kennen solche Situationen selbst – jeder von Ihnen. Der Name eines Sängers oder eines Schauspielers, der Titel eines Buches oder eines Filmes, ein Ort oder ein bestimmtes Wort ~ es fällt Ihnen einfach nicht ein – und dann – Stunden später – als Sie längst aufgehört haben, sich den Kopf zu zerbrechen – ist es plötzlich da, wie aus heiterem Himmel. Ihr Gehirn hat die Antwort gefunden.

Dabei ist es Ihrem Gehirn vollkommen egal, ob es nach einem Pulitzerpreis verdächtigem Buch oder dem letzten Schundroman suchen soll, ob der Film, dessen Namen Sie suchen, drei Oscars gewonnen hat oder die goldene Himbeere für den absolut schlechtesten Streifen des Jahres. Hier findet keine Zensur statt. Ihr Gehirn sagt nicht: „Den Unsinn musst du überhaupt nicht wissen, das such ich erst gar nicht." Es agiert wie eine Suchmaschine im Computer ~ was eingegeben wird, wird gesucht – und alles was damit zu tun hat. Da die Datenmenge in Ihrem Gehirn aber um ein Vielfaches größer ist – ich weiß, bei manchen glaubt man das nicht – dauert der Suchvorgang eben auch länger. Das Entscheidende aber ist – diese Eigenschaft Ihres Gehirns können Sie sich traumhaft für Ihren Erfolg zu Nutze machen.

Überlegen Sie einmal ~ Sie haben im Verlauf des Tages ein schwieriges Gespräch vor sich, privat oder beruflich spielt keine Rolle. Und Sie denken sich jetzt schon „Ui, das wird schwierig." Was macht Ihr Gehirn jetzt? Das, was auch ein Computer in dieser Situation machen würde, wenn Sie in seine Suchmaschine „Gewitterwolken" eingeben? Wie viele Treffer bekommen Sie dann zu „Sonnenschein"? Gar keinen, genau. Und um wieviel wird Ihr Gespräch leichter, wenn Sie sich sagen, das wird schwer? Merken Sie etwas? Ihr Gehirn, dem es ja grundsätzlich egal ist, wonach es sucht, findet jetzt in seinem Speicher alles, was dazu beiträgt, dass das Gespräch auch wirklich schwer wird.

Wenn das so ist, und das ist so, dann drehen Sie den Spieß doch einfach um und denken sich „Ui, das Gespräch wird gut."

Und damit Ihr Gehirn noch deutlichere Vorgaben hat, denken Sie sich doch gleich „Und wenn das Gespräch vorbei ist, werde ich mich gut fühlen und ein breites Lächeln im Gesicht haben."

Nein, ich verspreche Ihnen nicht, dass Sie damit nie mehr schwierige Gespräche oder Situationen zu meistern haben. Aber ich verspreche Ihnen, dass Ihr Gehirn Sie unterstützen wird, Ihre Gedanken umzusetzen. Mit allem, was je darin bewusst oder unbewusst gespeichert wurde. Und das wird Ihnen zugespielt, wenn Sie es benötigen! Wenn Ihnen dann im richtigen Moment das Richtige einfällt – und nicht erst irgendwann später auf der Treppe, im Auto oder wenn Sie jemandem davon erzählen – dann ist das kein Glück oder Zufall und auch keine Intuition – dann ist es abgerufenes Wissen und Sie können sich bei sich selbst dafür bedanken, dass Sie Ihre Gedanken richtig gesteuert und gehirngerecht benutzt haben.

Denken Sie immer daran ~ *Ihre Gedanken bestimmen, wonach Ihr Gehirn sucht*! Ohne Zensur! Helfen wird es Ihnen so oder so – entweder Dinge schwer zu machen oder eben leicht, Ihre Ziele zu erreichen oder eben nicht, den Tag mit einer Sorgenfalte mehr zu beenden oder mit einem Lächeln.

Naja, das klingt ja alles ganz logisch ~ aber nur noch solche Gedanken zuzulassen ~ das ist schon schwierig, oder? Und um wieviel wird es jetzt leichter …?

23

Gefährliche Illusion

23

Der Weihnachtsmann, der Osterhase und ein Mensch, der richtig gut in Multitasking ist, spielen zusammen Karten. Was glauben Sie, wer gewinnt? Nein, nicht weiterlesen! Machen Sie sich's nicht so einfach ~ kommen Sie, denken Sie nach ~ wer gewinnt? Na?

Falsch! Egal, auf wen Sie getippt haben. Ich sag Ihnen, wer gewinnt: Keiner! Warum? Es gibt keinen Weihnachtsmann, es gibt keinen Osterhasen – an dieser Stelle fällt mir ein, verstecken Sie das Buch gut, wenn Sie noch kleine Kinder haben – und ~ es gibt auch keinen Menschen, der richtig gut in Multitasking ist.

Das glauben Sie mir nicht? Das sollten Sie aber! Denn die neuesten Erkenntnisse neurologischer Forschung sprechen hier eine deutliche Sprache: *Multitasking*, also die Fähigkeit, sich auf zwei oder mehrere Dinge gleichzeitig zu konzentrieren, *gibt es nicht*! Was unser Gehirn nachweislich tut – es springt von einem Thema zum anderen. Das allerdings ist nicht nur unglaublich ineffizient, sondern auch noch denkbar schlecht für die eigene Stimmung – aber dazu später.

Im Zuge der Recherchen für die Dokumentationsfilmreihe „Brain Games“ machte man unter anderem folgenden Test: Menschen, die sich für begnadete Multitasker hielten und deshalb jede Autofahrt für Geschäftsgespräche und das Versenden von SMS nutzten, wurden mit einem Headset ausgestattet und hinter das Steuer eines Autos verfrachtet. Auf der Teststrecke war ein einfacher, halbnasser/halbtrockener Parcours mit einigen unterschiedlich engen, aber harmlosen Kurven ausgesteckt, keine Ampeln, kein Gegenverkehr und keine Verkehrszeichen.

Vor den Aspiranten fuhr lediglich ein Pickup, von dem ab und zu ein Ball auf die Fahrspur geworfen wurde und dem es möglichst auszuweichen galt. Gleichzeitig wurden über die Kopfhörer „schwierigste" Fragen gestellt, die beantwortet werden sollten. Fragen wie „ist dreizehn größer als vier mal vier" oder „wieviel ist einunddreißig minus zwölf".

Das Ergebnis war für die Tester in seiner Eindeutigkeit überraschend, für die Teilnehmer war es ein Schock: Wurde den Bällen ausgewichen oder kam eine engere Kurve, wurde die Frage nicht einmal verstanden. Wurde sie beantwortet – in etlichen Fällen ohnehin falsch – kam es zu Kollisionen und unkontrollierten Bremsmanövern. Und oft genug wurde weder die Frage richtig beantwortet noch das Fahrzeug unter Kontrolle gehalten.

Was hier als erschreckendes Beispiel aus der Praxis daherkommt, kann im realen Leben bzw. im Straßenverkehr dramatische Folgen haben. Und hat es oft auch. Das ist aber nur am Rande unser Thema – also insofern, dass es schön wäre, wenn Sie die nächsten Jahre auch überleben würden, um die Früchte, die durch das Lesen und Anwenden dieses Buches in Ihnen heranreifen, auch zu ernten.

Zurück zu Multitasking ~ das es gar nicht gibt. Was passiert in Ihrem Gehirn, wenn Sie es dennoch versuchen, wenn Sie also von einer Aufgabe oder Tätigkeit zur nächsten wechseln, bevor die erste abgeschlossen ist? Erstens: Bevor Sie im Kopf das Thema wechseln, möchte das Gehirn sicherstellen, dass Sie das bisher Gedachte anschließend auch wieder finden und speichert es ab – irgendwo, denn es hat ja nicht viel Zeit. Wenn Sie jetzt von Tätigkeit 2 zu Tätigkeit 3 oder zur ursprünglichen Aufgabe zurück wechseln, passiert genau das Gleiche. Machen Sie das mehrmals, sind auf dem Arbeitsspeicher Ihres Gehirns viele Informationen, die zusammen gehören, an völlig unterschiedlichen Plätzen gespeichert. Am PC nennt man so etwas „fragmentiert". Da das Speicherkapazität und Verarbeitungsgeschwindigkeit kostet, wird der Computer von Zeit zu Zeit automatisch oder manuell defragmentiert.

Diejenigen, die mit dem Innenleben von Computern weniger per Du sind, stellen sich bitte Folgendes vor: Sie verwenden zum Arbeiten in Ihrer Küche verschiedenste Utensilien, aber weil beim Verräumen immer alles schnell schnell gehen soll, stellen Sie einmal die Tassen zu den Töpfen, die Gläser zu den Tellern, einige Schüsseln in den Kühlschrank, die Eier zu den Geschirrspültabs, die Messer zur Teekanne und die Butter in das Backrohr. Grundsätzlich ist immer noch alles in der Küche ~ aber es wird immer länger dauern, bis Sie etwas finden. Auf Ihr Gehirn übertragen heißt das, versuchtes Multitasking kostet bis zu vierzig Prozent der Kapazität Ihres Arbeitsspeichers! Und das ist nicht zeitsparend, sondern ausgesprochen ineffizient, also das genaue Gegenteil!

Zweitens: Wie fühlen Sie sich, wenn Sie dauernd etwas suchen müssen? Es nervt, oder? Und es geht auf Ihre Stimmung. Aber nicht nur das. Während Sie von einer Tätigkeit zur anderen wechseln, entsteht in Ihrem präfrontalen Cortex, das ist der Teil Ihres Gehirns, mit dem Sie rationale Probleme lösen und logische Entscheidungen treffen, eine ganz kleine Pause. Die nutzt jedoch sofort Ihr Mittelhirn, um etwas aus der Schublade „Sorgen, nicht gelöste Probleme und Unangenehmes, das ich erledigen müsste" nach oben zu senden. Je öfter Sie wechseln – umso mehr Pausen – umso mehr Zwischenmeldungen. Sie ahnen, dass das Ihre Stimmung auch nicht gerade hebt.

Was also ist zu tun?

Nun – manchmal hatten unsere Omas Recht – eines nach dem anderen. Ich weiß, das klingt oft einfacher, als es zu sein scheint. Aber zum einen finden Sie in den vorliegenden Geschichten einige Wege, um diese Herausforderung zu meistern. Zum anderen werden Sie selbst genügend gute Ideen haben, sobald Ihnen bewusst geworden ist, dass versuchtes Multitasking nur Nachteile mit sich bringt, aber keinen einzigen Vorteil – Sie werden nur langsamer, launischer und ineffizienter ~ von den negativen Auswirkungen auf Ihr Gehirn und Ihren Körper ganz zu schweigen. Denn Stress bekommt nicht der, der viel tut, sondern der, der versucht, vieles gleichzeitig zu tun.

Effizientes Multitasking ist eine Illusion! Wenn Sie ganzheitlich erfolgreich sein wollen, werden Sie wieder ein „Monotasker" – und – Sie müssen auch nicht immer und überall erreichbar sein. *Machen Sie es wie der Weihnachtsmann und der Osterhase* und lernen Sie von ihnen: Die machen sich rar ~ und die ganze Welt freut sich auf sie!

24

Du kannst **nichts** *erreichen,* wenn die Hose ...

24

… voller ist als das Herz

Es ist exakt zwanzig Jahre her – und ich schäme mich jetzt noch. Für meine Dummheit, meine Feigheit und meine Bequemlichkeit. Oder, um es etwas gnädiger für mich auszudrücken, für meinen Mangel an Wissen, an Mut und an Initiative. Dabei wäre es so einfach gewesen ~ aber der Reihe nach …

Wir, eine Gruppe befreundeter Paare, sind gerade von Sydney nach Hayman Island geflogen, einer wunderschönen, tropisch anmutenden Insel zwischen dem Australischen Festland und dem Great Barrier Reef.

Einzig das Wetter hat vergessen, auch wunderschön zu sein und hat beschlossen uns zu zeigen, dass es auch etwas anderes kann, als dem Postkartenimage zu entsprechen. Während uns also ein grauer Himmel unfreiwillig vor einem ozonlochverursachten Sonnenbrand schützt und draußen ein kräftiger, von stürmischen Böen begleiteter Wind weht, sitzen wir in einer rundum vollverglasten Lounge, schauen hinaus aufs Meer und warten auf bessere Zeiten. Die auch augenblicklich heranbrechen ~ nicht in Form eines besseren Wetters, aber in Form eines Unterhaltungsprogrammes, das seinesgleichen sucht.

Einer von uns hatte sich nämlich entschieden, Windsurfen zu gehen und sein Übungsterrain befand sich genau vor unserer Nase. Um es vorweg zu nehmen, er war kein Talent.

Welle – Sturz, Windböe – Sturz, Wende – Sturz, kein ersichtlicher Grund – Sturz. Und was für Stürze – zirkusreif manche, mit Schraube und Salto übers Segel.

Und wir – wir hatten unseren Spaß. „Wenn man's nicht kann, sollte man's halt lassen", „Jetzt wird's aber peinlich" oder „Warum tut er sich und uns das an?" waren noch die nettesten Bemerkungen, die beinahe im Sekundentakt fielen.

Nach über einer Stunde war das Schauspiel vorbei. Minuten später betrat unser Hauptdarsteller den Raum. Aber nicht wie wir's erwartet hatten, frustriert, genervt, verärgert oder demoralisiert.

Ganz im Gegenteil ~ was da zur Bambustür hereinspaziert kam, war ein Held – leicht zitternd zwar, aber mit dem selbstbewussten Kreuz eines Möbelpackers, einem breiten Lachen im Gesicht und einem Strahlen in den Augen, als wäre es das schönste Abenteuer in seinem Leben gewesen. Und wissen Sie was ~ vielleicht war es das auch. Denn während wir hier im Warmen schlaue Sprüche geklopft hatten, stand er da draußen seinen Mann! Hatte den Mut zu scheitern, den Mut sich zu blamieren, den Mut etwas zu machen, was er eben noch nicht konnte. Und zur Belohnung hat er seine Technik verbessert, sich verbessert, sein Selbstvertrauen gestärkt, war zufrieden und über die Maßen glücklich. Und wir? Was haben wir gelernt oder verbessert oder gestärkt?

Wissen Sie – ich hatte damals längst meine Surflehrerausbildung absolviert und hätte eine traumhafte Gelegenheit gehabt zu trainieren, mich zu beweisen und dazuzulernen. Aber ich habe es nicht getan. Ich hatte „keine Lust“ ~ die gesellschaftsfähige Formulierung von „ich hatte Angst“. Angst zu versagen, Angst mich zu blamieren, Angst, mich zum Gespött meiner Freunde zu machen.

Aber ein Gutes hatte es: Ich habe daraus gelernt ~ heute, zwanzig Jahre später, kann ich selbst auf eine beinahe schon vorbildliche Anzahl an Blamagen zurückblicken, auf Augenblicke des Versagens und des Scheiterns und auch auf eine schwerlich kleinzuredende Menge peinlicher Momente. Aber letztendlich waren es genau diese Blamagen, diese Augenblicke und Momente, die mich geformt und verbessert, selbstbewusster, zufrieden und ~ ja ~ auch glücklich gemacht haben.

Und immer dann, wenn ich heute auf Herausforderungen oder Neues „keine Lust“ habe, erinnere ich mich an Hayman Island und daran, dass Mut immer belohnt wird. Es ist die bestbezahlte Eigenschaft der Welt. Nicht Talent, nicht Genie und nicht Intelligenz, sondern Mut. Nicht nur bestbezahlt mit Einkommen und Ansehen wie beispielsweise Formel-1-Fahrer, sondern auch und vor allem mit Selbstwertgefühl, Selbstvertrauen, Zufriedenheit und Stolz.

Dabei ist Mut nicht das Gegenteil von Angst. Das zu glauben, wäre ein fataler Irrtum – Angst beschützt uns und das

Gegenteil von Angst wäre eher so etwas wie Sorglosigkeit oder Dummheit. Aber die Angst, die das Leben bei so vielen zu einer Fahrt mit angezogener Handbremse macht, hat nichts mit Existenzängsten zu tun. Sie hat ihre Wurzeln oft in einem völlig falschen Denken: der Angst, sich vor anderen zu blamieren, der Angst zu scheitern, der Angst, nicht mehr so gut dazustehen, der Angst, die Erwartungen anderer nicht zu erfüllen oder der Angst, einem bestimmten Bild nicht mehr zu entsprechen. Es ist dieses Denken, das viele Menschen im hohen Alter bereuen, wenn sie auf ihr Leben zurückblicken. Selbst die, die ein aufregendes und interessantes oder jedenfalls schönes Leben verbracht haben, bereuen dann so gut wie nichts von dem, was sie getan haben, aber vieles, was sie nicht getan haben. Und die mit Abstand häufigste Formulierung dieser Menschen lautet dann: „Ich hätte mutiger sein sollen ... hätte mich mehr trauen sollen ... "

Nein – Mut ist nicht das Gegenteil von Angst – *Mut ist trotz der Angst das zu tun, was notwendig ist.* Notwendig, damit ich mir gleich, später und vielleicht auch dann, wenn die Zeit des Zurückschauens gekommen ist, auf die Schulter klopfen und mir zufrieden, selbstbewusst und glücklich ins eigene Ohr flüstern kann ~ „Wow ~ du warst mutig!"

25

Die Macht des Augenblicks

25

Sie fahren mit Ihrem Wagen. Keine außergewöhnlichen Nachrichten aus dem Radio, kein Handyläuten. Und gedankenverloren oder aus Gewohnheit biegen Sie irgendwohin ab, wohin Sie zu diesem Zeitpunkt gar nicht wollen ~ nach Hause etwa oder zur Arbeit. Kennen Sie das?

Oder ~ Sie fahren mit dem Auto und können sich an die letzten Sekunden nicht mehr bewusst erinnern. Hab ich jemanden überholt? War da nicht gerade eine Ampel? War die wirklich grün . . .? Wenn ich Seminarteilnehmer frage, ob ihnen solche Situationen schon einmal passiert sind, gehen die Reaktionen von heftigem Kopfnicken bis zu Wortmeldungen wie „täglich".

Oder ~ nur Sie beide. Sonst nichts. Keine Ablenkungen, keine störenden Hintergrundgeräusche, nichts, das Ihre Aufmerksamkeit verlangen würde. Nur Sie und Ihr Gesprächspartner und der befindet sich jetzt genau Ihnen gegenüber. Er redet, Sie sehen ihm direkt in die Augen ~ und trotzdem haben Sie nicht den Schimmer einer Ahnung, was er in den letzten Minuten von sich gegeben hat. Sie könnten nicht einen einzigen Satz von dem, was er gesagt hat, wiederholen. Und als Sie das merken, danken Sie Gott, dass er Ihnen jetzt keine Frage gestellt hat.

Oder ~ Sie lesen. Sie haben keinen Zeitdruck. Es ist ruhig um Sie herum, niemand lenkt Sie ab, niemand stört Sie.

Sie sind vollkommen entspannt. Gerade sind Sie am Ende der Seite angelangt und realisieren – nichts von dem, was da steht, ist in Ihr Gehirn vorgedrungen. Verwundert und vielleicht auch leicht verärgert lesen Sie die Seite nochmals von vorne. Und stehen am Ende gar nicht so selten vor der gleichen Situation wie zuvor.

Was passiert da in unserem Gehirn?

Vereinfacht gesagt: Ihr Gehirn geht spazieren. In der Zukunft, der Vergangenheit, an andere Orte, zu anderen Situationen. Sie sind überall, nur nicht hier, nur nicht jetzt. Beim unaufmerksamen Zuhören kann das mitunter peinlich werden, beim wiederholten Lesen zumindest ärgerlich. Aber im Straßenverkehr kann das verheerende Folgen haben. Und dennoch passiert es.

Dann kann man also nichts dagegen tun? Doch, das können Sie! Ansonsten würde ich Ihnen hier doch die Zeit stehlen. Das Zauberwort heißt „Präsenz". Und es ist eine der Eigenschaften, die erfolgreiche Menschen auszeichnet: präsent zu sein! Präsent bedeutet, wirklich da zu sein, nicht nur mit seinem Körper, sondern eben auch mit jedem seiner Gedanken. Präsent bedeutet Gegenwart, bedeutet im Hier und im Jetzt zu sein. Mit voller Konzentration bei der Sache. Was immer es ist. Wenn etwas wertvoll genug ist, dass Sie Ihre Zeit dafür verwenden, dann ist es auch wertvoll genug für Ihre volle Aufmerksamkeit. Dass das mit permanentem Blick aufs Handy unmöglich ist, liegt auf der Hand. Präsent bedeutet aber noch mehr. Es bedeutet, dass die Person, die gerade mit mir spricht, in diesem Augenblick die Wichtigste ist in meinem Leben. Immerhin ist es ja auch ein Teil meines Lebens, den ich jetzt mit diesem Menschen verbringe. Präsenz hat also nicht nur mit der Achtung vor dem Anderen, sondern vor allem mit der Achtung vor mir selbst zu tun.

Wenn meine Gedanken wo anders sind, dann bin ich weder konzentriert dort noch hier. Und das ist schlichtweg einfach unintelligent. Denn wer nicht präsent ist, dem entgeht vieles. Vieles was sich seiner Wahrnehmung entzieht. Vieles, was den Augenblick spannender und interessanter und vielleicht auch amüsanter gestalten könnte. Und letztendlich vieles, was zu Gedanken und Ideen führen würde, die Sie in Ihrem Leben weiterbringen ~ und zwar in jeglicher Hinsicht.

Probieren Sie's heute doch einfach mal aus, nur heute – Sie haben nichts zu verlieren, aber unglaublich viel zu gewinnen. Bemühen Sie sich heute präsent zu sein. Den ganzen Tag. Bei allem was Sie tun. Erinnern Sie sich immer wieder daran. Ob Sie sich Kaffee machen, duschen oder die Zähne putzen. Gehen, fahren, essen oder sich unterhalten, arbeiten, sporteln, lesen, spielen, zuhören, berühren, küssen oder umarmen.

Die anderen werden es merken. Und Sie – Sie werden es spüren, mehr noch, Sie werden es erleben. Und plötzlich ist ein ganz normaler Tag ein ganz außergewöhnlicher Tag. Und Sie allein haben ihn dazu gemacht! Es ist Ihr Leben – sitzen Sie nicht einfach darin herum ~ seien Sie präsent!

26

Sind Weisheiten wirklich weise?

Weis-
en wirklich
eise?

26

Glauben Sie, die Erde ist eine Scheibe? Warum nicht? Das ist Jahrtausende lang überliefert worden. Glauben Sie wenigstens, dass wir der Mittelpunkt des Universums sind? Auch nicht? Komisch. Ich könnte Ihnen hunderte Bücher zeigen, in denen das zweifelsfrei bewiesen wurde.

Aber, jetzt Hand aufs Herz – Sie glauben doch sicherlich, dass ein Aderlass bei den meisten Krankheiten sehr sinnvoll ist, oder? Man Ihnen also das halbe Blut aus dem Körper zapft, damit sich der Rest schneller erholen kann.

Nein? Und dass Menschenopfer unumgänglich sind, wenn man die Götter besänftigen möchte? Am besten natürlich die Nummer mit dem „Herz herausschneiden".

Wie jetzt? Nicht? Und dass Frauen Männern schon allein deswegen unterlegen sind, weil Sie das kleinere Gehirn haben? Und dass man Babys viel schreien lassen soll, damit sie starke Lungen bekommen? Und dass Klatschmohn klatscht, wenn Sie vorbei gehen? Verzeihung ~ Unsinn ~ aber das musste jetzt einfach sein. Natürlich glauben Sie das alles nicht ~ hoffe ich zumindest. Weil es Unsinn ist. Und weil längst bewiesen wurde, dass es Unsinn ist.

Dennoch ist es interessant, wieviel Unsinn uns heute verkauft wird unter den Titeln „Jahrhunderte altes Wissen", „Von Generation zu Generation überliefert", „Schon seit zweitausend Jahren …" oder „Bereits die alten Ägypter wussten …" ~ letztere gibt es dann natürlich auch in der Form der alten Griechen, der alten Römer, oder – in intellektuellen Kreisen auch sehr beliebt – der Phönizier. Hauptsache „alt". Den Zusatz kann man sich bei den Phöniziern allerdings schenken, es gibt keine jungen.

Wissen mit Tradition also. Ähnlicher Beliebtheit, wenn es darum geht, uns, und sei es zumindest moralisch, von irgendetwas zu überzeugen, erfreuen sich Volksweisheiten im Stil von „Wer anderen eine Grube gräbt, fällt selbst hinein". Ich weiß nicht ~ ich bin mir da nicht so sicher ~ ich kenne jede Menge Vorstände großer Institute, die vor einigen Jahren ihren Kunden Gruben gegraben haben, in denen Millionen versickert sind und die sich selbst dafür mit Abfindungen und Boni in vergleichbarer Höhe belohnt haben. Aber wahrscheinlich sind sie „in die Grube gefallen" und haben sich's dort geholt ... und ich versteh das nur nicht.

Oder: „Freu dich nicht zu früh". Der Sinn dieser tiefgründigen Weisheit ist mir bis heute verborgen geblieben ~ wann soll ich mich denn freuen? Wenn's zu spät ist?

Oder: „Man wirft kein Essen weg. In Afrika verhungern die Kinder ...". Wissen Sie, wie viele abgelaufene Joghurts ich den afrikanischen Kindern zuliebe gegessen habe, bis mir klar wurde, dass ich deren Situation auch nicht verschlechtere, wenn ich das Zeug in den Müll werfe?

Richtig arg wird's, wenn's die Oma schon gesagt hat. Ich habe als Kind noch gelernt, dass der Teller leergegessen wird. Und in der Folge war das bei unserem ersten Kind natürlich auch ein ungeschriebenes Gesetz.

Selbstverständlich nicht mit groben Forderungen – wo denken Sie hin. Nein.

Liebevoll, geistreich, listig, hinterlistig ~ „Komm, noch einen Löffel für die Anni-Omi, einen für die Tante Lisl, für den Onkel Bernd, die Gerdi-Omi." Na – völlig unbekannt? Oder schon mal gehört? Und wenn am Ende der Verwandtschaft noch etwas am Teller war, mussten halt irgendwelche Schauspieler oder Sängerinnen herhalten, die durch genau dieses Essen so schön oder so stark oder so einzigartig geworden sind. Oder ~ der Löffel wurde kurzerhand in eine fliegende Untertasse umgewandelt, die vollbeladen unbedingt im Mund landen musste. Ich habe sogar – es ist verjährt, also kann ich's erzählen – die Karotten „reden" und die Bananen „weinen" lassen – bis sie aus Mitleid gegessen wurden. Jahre hat es gedauert, bevor ich begriffen habe, was ich da eigentlich tue.

Ob meine Oma Recht hatte? Natürlich! In ihrer Zeit! In der Zeit, als sie Kinder hatte, vor siebzig Jahren als Essen Mangelware, teilweise Luxus war! Aber heute? Das Ergebnis dieser Erziehung, die kaum hinterfragt wurde und wird, sehen wir allerorts herumlaufen ~ über ein Drittel teilweise schwerst übergewichtige Kinder! Und mehr als die Hälfte übergewichtige

Erwachsene! Weil wir ja den Teller leer essen. Wie wir's gelernt haben. Und wenn's doch zu viel war – ein Schnaps zur Verdauung! Ob unsere Omas das im Sinn hatten?

Warum erzähle ich Ihnen das alles? Erinnern Sie sich noch an den Anfang? Zur Zeit von Christi Geburt verdoppelte sich das Wissen circa alle hundert Jahre, zu Beginn des letzten Jahrhunderts war das in etwa alle zwanzig Jahre der Fall. Und heute? Heute verdoppelt sich das Wissen auf dieser Welt alle sechs bis zwölf Monate. Im Vergleich zu dem, was wir heute wissen, was bereits jeder Mittelschüler weiß, wussten die Menschen früher so gut wie nichts.

Und je weiter Sie zurück schauen, umso weniger Erkenntnisse finden Sie, die dem heutigen Wissen standhalten können. In alltäglichen Dingen oft ebenso wenig wie in Physik, Chemie oder Biologie, der Medizin im Allgemeinen oder der Neurologie im Speziellen. Gerade bei den beiden Letzteren stimmt so gut wie nichts von dem, was man früher gelernt und geschult hat, mit dem heutigen Wissen überein.

Und das gilt nicht nur für das jeweils eigene Land – auch wenn die Faszination für Weisheiten aus dem Land des Lächelns groß ist, wären gerade auch diejenigen, die sich beispielsweise auf die lange Tradition der TCM (Traditionelle Chinesische Medizin) berufen, gut darin beraten, sich einmal wirklich mit der diesbezüglichen Historie auseinanderzusetzen.

Denn sie müssten feststellen, dass der am geringsten angesehene Beruf in China bis vor hundert Jahren der des Arztes war, dass Rezepte aus der Zeit davor so haarsträubend waren, dass mehr Menschen damit umgebracht als geheilt wurden, und dass die chinesische Regierung unter Mao Zedong noch Mitte des letzten Jahrhunderts verzweifelt versucht hat, viele Behandlungsmethoden schlichtweg zu verbieten und westliches Mediziwissen ins Land zu holen.

Und sie könnten weiterhin nachlesen, dass allein schon der Begriff TCM ein reines Kunstprodukt ist, geschaffen 1955 alleine für das Ausland mit dem Ziel, den Eindruck zu erwecken, es handle sich um eine Kontinuität einer jahrtausendealten spezifisch chinesischen Heilkultur. Andererseits findet sich in der gesamten chinesischen Medizinliteratur der vergangenen 2000 Jahre nicht eine einzige Auseinandersetzung über Selbstheilungskräfte – also über eine Tatsache, die selbst konservative westliche Mediziner inzwischen beobachten und anerkennen! Wenn Menschen heute nach TCM behandelt werden, beruht diese Behandlung zum Glück also nicht auf traditionellem, sondern auf adaptiertem Wissen.

Es ist Zeit! Zeit, nachzudenken. Zeit, all das zu hinterfragen, was da unter dem Mäntelchen tradierten Wissens daher kommt. Zeit, die eigenen Überzeugungen, Glaubenssätze und Gewohnheiten einmal auf den Prüfstand zu stellen: Macht das, was ich da tue oder glaube, wirklich Sinn? Für mich? Ist diese Art, wie ich manchmal denke, noch zeitgemäß und bringt mich das meinem Ziel näher?

Was hilft uns Wissen aus einer Zeit, in der die Menschen im Vergleich zu heute so gut wie nichts wussten. Wir haben uns entwickelt und wir können vieles besser machen. Wir treten damit sicher nicht das Andenken unserer Vorväter mit Füßen, ganz im Gegenteil: *Tradition bedeutet das Bewahren des Feuers, nicht das Anbeten der Asche*!

Bewahren Sie das Feuer in sich! Das Feuer eigenen freien Denkens und Handelns. Wissen ist immer nur eine Tochter der Zeit. Lassen Sie es auch dort. Sie wollen nicht mit dem Doppeldecker in den Urlaub fliegen oder mit der Postkutsche verreisen ... und die Welt ist inzwischen rund geworden. Ihr Kopf auch ~ damit sich Ihr Denken frei darin bewegen und bei Bedarf auch die Richtung wechseln kann!

27

Lincolns Vermächtnis

27

Ist Ihnen schon mal aufgefallen, dass es charismatische Menschen leichter im Leben haben? Ihr Gefühl trügt Sie da nicht – weltweite Studien, die sich damit befassen, bestätigen, dass es genau so ist. Und zwar nicht nur in der Partnerschaft, sondern auch im Beruf – und es kommt noch dicker – auch was die eigene Gesundheit anbelangt. Tja, selig die, denen Charisma gegeben ist!

Stopp! Langsam! Gegeben? Glauben Sie das wirklich? Wir können darüber reden, dass Schönheit angeboren und Intelligenz genetisch zumindest mitdeterminiert ist – aber Charisma? Nein. Charisma hat weder etwas mit Schönheit (ich kenne eine Menge schöne, vollkommen uncharismatische Menschen) zu tun, noch mit einem IQ jenseits der 140. Charisma ist die Summe bestimmter Eigenschaften und Denkweisen, die jemand in sich vereinigt – und – nota bene – die können Sie sich aneignen.

Sagt Ihnen der Name Abraham Lincoln etwas? Natürlich tut er das. Wann war er nochmal Präsident der Vereinigten Staaten? Ah ja – vermutlich haben Sie keine Ahnung, stimmt's? Aber dennoch ist er Ihnen bekannt, denn Lincoln war einer der erfolgreichsten Präsidenten, vor allem aber war er ein absoluter Charismatiker!

Dieses Charisma wurde ihm aber nicht in die Wiege gelegt! Wie kam es dazu? Im Alter von 16 Jahren überlegte der junge Abraham sich, wie er sein und auf Menschen wirken wolle, wenn er einmal erwachsen sei (nein, er träumte noch nicht davon, Präsident zu werden). In einem ersten Schritt notierte er sich alles, was ihm dazu einfiel ~ jede erstrebenswerte Eigenschaft, Fähigkeit, Fertigkeit oder Denkweise. Was auch immer ihn animierte sich anzueignen. Dann verkürzte er die Liste, indem er vergleichbare Eigenschaften wie „beharrlich" und „Durchhaltevermögen" zusammenfasste und kam schließlich auf 20 Begriffe, die er einzeln auf ebenso viele Kärtchen schrieb und in seinem Nachttisch platzierte.

Der ganze Trick bestand nun darin, sich jeden Tag ein Kärtchen herauszunehmen und sich den ganzen Tag möglichst dieser Eigenschaft entsprechend zu verhalten.

Überlegen Sie einmal – 20 Kärtchen – 360 Tage – das bedeutet, dass Sie in fünf Jahren jedes Kärtchen fast hundert Mal in der Hand hatten. Wenn Sie sich fünf Jahre lang jeweils hundert Tage einer bestimmten Eigenschaft entsprechend verhalten, dann werden diese Eigenschaften automatisch ein Teil von Ihnen. Ein Teil Ihres Charakters – und damit zum Fundament Ihres Charismas.

Ja, *Charisma ist „erlernbar"*! Bei Lincoln hat's geklappt, bei vielen meiner Seminarteilnehmer mit ihren eigenen, individuellen Kärtchen ebenfalls – und bei Ihnen? Gut, wenn Sie keine Nachttischschublade haben, dann war die heutige Geschichte für Sie wahrscheinlich umsonst ... tut mir leid!

Allen anderen und natürlich denen, die ihren Erfolg nicht an einer mangelnden Schublade scheitern lassen wollen, wünsche ich viel Spaß beim Sammeln, Erstellen der Liste, Sichten und Umsetzen und vor allem auf ihrem Weg zu Charisma.

28

Sophia Loren, Gina Lollobrigida *und* Mandelkernöl ohne Öl

28

Sind Sie eine italienische Diva? Ja? Dann blättern Sie bitte weiter zur nächsten Geschichte – die hier ist nichts für Sie. Nein – sind Sie nicht? Tja – in diesem Fall ist die Geschichte genau für Sie geschrieben.

Eine Frage: Wann ist Ihnen das letzte Mal der Kragen geplatzt? Gestern? Letzte Woche oder denken Sie sich gerade: „Das kann ich Ihnen genau sagen, Herr Heiss, letztens im Büro, ich komm gerade herein …" langsam, langsam ~ so genau wollte ich es gar nicht wissen. Aber vielleicht wollen Sie wissen, was genau in solchen Momenten in Ihrem Gehirn passiert und was Sie mit diesem Wissen in der Praxis anfangen können. Oder besser noch, wie der „geplatzte Kragen" in Zukunft vielleicht nur noch das Thema der anderen ist, aber nicht mehr Ihres.

Ich bin überzeugt, Sie kennen solche Situationen, wo ein einziger Tropfen Ihr sprichwörtliches Fass zum Überlaufen gebracht hat. Schlagartig ist es aus mit der Selbstbeherrschung, impulsiv wird reagiert ~ und so gut wie immer bereits kurz darauf eben diese impulsive Reaktion bereut. Ein einziger Satz, eine einzige impulsive Aktion oder Reaktion kann aber nicht nur weitreichende negative Folgen haben ~ im Extremfall kann es in Beziehungen zur Trennung, im Business zu personellem und finanziellem Disaster und in der Gesundheit zu massiven körperlichen Beeinträchtigungen führen. Es lohnt sich also, einmal einen genauen Blick auf dieses Thema zu werfen.

Wie kommt es überhaupt, dass wir uns manchmal „nicht im Griff" haben oder aus einem Impuls heraus die unsinnigsten Dinge sagen oder tun? Der Hauptverantwortliche dafür sitzt weit außerhalb Ihres bewussten Einflussbereiches – und zwar im sogenannten Mittelhirn, ist gerade mal erbsengroß und hat den klingenden Namen Mandelkern oder, für diejenigen unter Ihnen, die Fachausdrücke lieben, Amygdala. Der Einfluss der Amygdala auf unser Verhalten ist verkehrt proportional zu ihrer Größe. Zum limbischen System gehörend, also einem Teil unseres Gehirns, der ohnehin schon großen Einfluss auf unsere Emotionen hat, ist die Amygdala für die ganz großen Gefühle zuständig. Aber leider nicht nur für Liebe, überschwängliche Begeisterung und Freude, sondern auch für Angst, Wut, Ärger, Zorn und Hass.

Und mit der Amygdala ist nicht gut Kirschen essen. Wenn Sie die „Schnauze voll hat", dann aber gestrichen. Damit wir nun nicht dauernd wie eine tickende Zeitbombe durchs Leben laufen und bei jeder Kleinigkeit explodieren, hat sich die Natur etwas einfallen lassen – beziehungsweise die Evolution ~ diejenigen, bei denen das nicht geklappt hat, sind nämlich ausgestorben ähnlich wie beinahe alle italienischen Diven.

Von der Amygdala führt ein Nervenstrang ohne größere Umwege direkt zum Stirnhirn bzw. zum präfrontalen Cortex, dessen Aufgabe es ist, die einlangenden Informationen auf ihre

Wichtigkeit zu überprüfen und eine angemessene Reaktion in Gang zu setzen. Diese Nerven können Sie sich vorstellen wie Kabel, die mit einer entsprechend guten Isolierung ausgestattet sind und auch wunderbar funktionieren. Leider ist diese Isolierung erst im Alter von Anfang 20 im Gehirn abgeschlossen. Die prägendste Zeit zu lernen, wie wir mit neuen Herausforderungen, Problemen, Ärger und unkontrollierten Emotionen umgehen, ist ungünstiger Weise aber genau die Zeit davor ~ die Zeit der Pubertät! In dieser Zeit ist die Verbindung vom Mandelkern zur Kontrollstelle aber noch schlecht isoliert und damit mehr als schleißig, was häufig zu Reaktionen führt, die in keinem Verhältnis zum Auslöser stehen. Diese oft unreflektierten und rein impulsiven Reaktionen aus unserer Jugend speichert das Gehirn wiederum als Verhaltensmuster ab und greift darauf zurück, wenn ähnliche Situationen eintreten oder sich vergleichbare Gefühle ankündigen. Dieses Verhalten war aber weder damals zielführend, noch ist es das heute.

Niemand hat Respekt vor Menschen die herumschreien, ausrasten oder eingeschnappt sind und ebenso wenig vor solchen, die sich im Ton vergreifen, ausfallend oder womöglich sogar handgreiflich werden. Und jegliche Sympathie geht dabei ebenfalls verloren. Da nützt es auch nichts, sich hinter dem Deckmäntelchen „Ich bin halt sehr temperamentvoll“ zu verstecken. *Impulsives Verhalten ist keine Frage von vorhandenem Temperament, sondern von nicht vorhandener Selbstkon-*

trolle. Dabei geht es nicht nur um die großen Wutausbrüche, um Herumtoben und nicht nur im übertragenen Sinne zerbrochenes Porzellan ~ es sind oft die kleinen, weit unauffälligeren, aber impulsiven Reaktionen, mit denen Sie sich das Leben selbst schwer machen, sich Chancen und Möglichkeiten verbauen und sich selbst so manche Türe vor der Nase zuschlagen. Wenn Sie ein Projekt hinschmeißen aus Ärger über eine Person oder irgendein Detail, eine für heute geplante Tätigkeit aus Unlust auf morgen verschieben, bis das Aufschieben zur Gewohnheit wird oder in Ihrer Verzweiflung laut werden, obwohl Sie ganz genau wissen, dass Schreien noch nie Einsicht erzeugt hat ~ immer dann agiert Ihr Mandelkern ~ nicht Ihr Verstand.

Wie können Sie das ändern? Erstmals, indem Sie es überhaupt ändern wollen und indem Sie aufhören, solches Verhalten im Nachhinein vor sich selbst zu entschuldigen und zu rechtfertigen, im Sinne von „Der hat mich so gereizt", „Das musste jetzt mal raus", „Ich konnte nicht anders reagieren" oder „Ich kann mich nicht dauernd verstellen". Solche Gedanken helfen niemandem. Ihnen auch nicht. Gerade die letzte Aussage ist nicht nur destruktiv, sie ist gefährlich. Denn solange Sie glauben, sich verstellen zu müssen, um Ihre eigenen Impulse zu kontrollieren, ist das Projekt ohnehin zum Scheitern verurteilt. Es ist ein Denken, das seine Wurzeln in diesem sich ewig selbst beschränkenden „Ich bin halt so"-Glauben hat. Es geht aber nicht darum, sich zu verstellen – es geht darum, sich zu entwickeln! Zu jemandem, der seine Reaktionen im Griff hat, der besonnen und ruhig reagiert und Souveränität ausstrahlt. Das ist es, was anderen Menschen imponiert, was ihnen Respekt abverlangt und Ihre Sympathiewerte erhöht.

Um sich dahin zu entwickeln, kommt Ihnen die Natur Ihres Gehirns zu Hilfe. Jedes Mal, wenn Sie sich im Griff haben, jedes Mal, wenn Sie sich zwingen, anders zu reagieren, als Ihr Gehirn das in der Pubertät gelernt hat, wachsen dort neue Verbindungen, die für ein neues Problemlösungsverhalten codieren. Diese Verbindungen werden mit jedem Mal stärker und verzweigter und das kontrollierte Reagieren fällt auch in Stresssituationen und unter Belastung immer leichter. Damit beginnen Sie, sich ein neues Reaktionsprogramm zu schreiben und Ihr Gehirn setzt das physisch um, solange, bis souveränes Verhalten zu Ihrer automatischen Reaktion wird.

„Impulsive Reaktionen zu kontrollieren", schreibt der Intelligenzforscher Professor Louis Thurstone, „ist ein zentrales Merkmal erfolgsintelligenter Menschen." Und wäre es nicht lohnender, ein solches Image zu haben, als das einer italienischen Diva?

29

Coach oder Couch?

29

Es gab eine Zeit, da dachte ich, Führungskraft, Coach oder Trainer – das ist alles das Gleiche! Genau genommen dachte ich, es klingt halt ein bisschen intellektueller, anspruchsvoller, wichtiger, wenn jemand von sich sagt, er habe einen Coach ~ so ein bisschen wie Menschen, die sagen, dass sie chillen, wenn sie meinen, dass sie eigentlich gar nichts tun. Jedenfalls dachte ich das, bis ich irgendwann einen Anruf vom Vorstand eines von mir schon länger betreuten Unternehmens bekam: „Gregor, wir haben uns entschieden, in ein neues Land zu gehen und brauchen dich. Kannst du uns bitte die beiden Geschäftsführer coachen?“ „Natürlich“, sagte ich, eine Art Führung im Hinterkopf, „ab wann soll's losgehen?“ „Wenn möglich gleich!“

Naja – Sie kennen ja den Spruch mit dem Geworfenwerden und dem kalten Wasser ... Sicherheitshalber wollte ich meine Ansicht über diesen Coachingbegriff aber doch noch bestätigt wissen und mich in der einschlägigen Literatur schlau machen. Und ~ ich wurde schlau! Zumindest schlau genug, um zu erkennen, dass ich vollkommen auf dem Holzweg war. Einigermaßen unter Zeitdruck stehend, schnappte und bestellte ich mir also alles, was ich zu dem Thema finden konnte – so gut wie ausschließlich amerikanische und kanadische Literatur – deutschsprachig gab es so gut wie nichts.

Mein Bild über Coaching wurde von Grund auf auseinander genommen, in Schutt und Asche gelegt, um anschließend wie Phönix aus derselben vollkommen neu zu entstehen. Seitdem sind viele Jahre und hunderte von Coachings vorübergegangen und ich stelle immer noch mit einem amüsierten Schmunzeln, das aus der Erinnerung an meine frühere eigene Ahnungslosigkeit zu kommen scheint, fest, dass auch heute viele noch nicht wissen, was der Unterschied zu Führen, Beraten oder Trainieren ist.

Was würden Sie davon halten, wenn ich Ihnen zeigen würde, wie Sie sich in vielen Bereichen selbst coachen können? Wäre gut, oder? Ich stelle gerade fest, der Vorteil des Schreibens ist, dass Sie gar keine Möglichkeit haben zu widersprechen. Aber ich gehe davon aus, dass Ihnen jetzt die Vorfreude aus den Augen leuchtet …

Also – keine Theorie! Praxis! Besprechen wir einen konkreten Fall. Das Erste, was Sie feststellen werden ist ~ Coaching hat sehr wenig mit Reden, umso mehr dafür mit Fragen zu tun.

Wir gehen davon aus, der Gecoachte oder kurz Coachee weiß bereits, dass es nur wenig Sinn hat, ihn in beruflichen Zielen zu coachen, solange er zuhause einen Rosenkrieg hat, in sportlichen Zielen, wenn er im Beruf unglücklich ist und in privaten Zielen, solange er morgens und abends vor dem Spiegel stehend Gott für seine Kurzsichtigkeit dankt, weil der vorteilhaft geschnittene Anzug oder das problemzonenverdeckende

Kleid noch oder schon im Schrank hängen. Er weiß also, dass all das zusammenhängt.

Unser Coachee ~ in einer guten Beziehung lebend und mit Begeisterung bei seiner Arbeit ~ hat ein sportliches Ziel: er möchte in zwei Jahren an einem „Ironman“ teilnehmen. Ideal, denn ich habe keine Ahnung davon! Nein, das ist nicht sarkastisch, ich meine das im Ernst. Als Trainer müsste ich Ahnung von dem Metier haben, als Coach von ganz anderen Dingen. Meine erste Frage lautet also: „Wie soll das gehen? Wie sieht dein Plan aus?“ Schon kommt der erste Stolperstein: „Was für ein Plan?“ Ok, ohne Plan geht gar nichts. Also – nächste Sitzung mit Plan: Trainingsplan, Ernährungsplan, Notfallplan ~ also zum Beispiel Teilnahme am Wettbewerb statt in zwei erst in drei Jahren.

Jetzt liegen die Pläne am Tisch und beginnen sinngemäß ganz locker: täglich Laufen in unterschiedlichen Distanzen, um Kondition aufzubauen, dreimal pro Woche Schwimmen, zweimal ins Gym und ebenso oft Radfahren ~ darin ist er bereits ziemlich gut. Ernährung umstellen ~ keine Gummibären und Marshmallows mehr (sie haben bereits deutliche Spuren hinterlassen), Bier oder Wein erstmals noch jeden zweiten Tag, keine gehärteten Fette, täglich drei Liter Wasser – selbstverständlich ohne Kohlensäure. „Gut“, frage ich, „für wie lange?“ „Erstmals drei Monate, dann kommt ein neuer Plan.“ Was ich jetzt von meinem Coachee wissen will, ist, zu wieviel Prozent er das jetzt konsequent – also exakt so, wie es im Plan steht – durchziehen wird. „Zu fünfundsiebzig Prozent", kommt es wie aus der Pistole geschossen. Jetzt will ich natürlich wissen, aus welchem Grund nicht zu hundert Prozent. Und zwar ehrlich! Sonst funktioniert Coaching nicht.

Die Begründungen reichen von „Ich könnte krank werden" oder „ ... einfach mal zu müde sein" über „vielleicht habe ich irgendwann mal keine Lust" und „der Mensch ist ja labil" bis zu „es kann ja was Unvorhergesehenes dazwischen kommen". Gut, wir berücksichtigen das alles und machen den Plan neu: zumindest viermal pro Woche Laufen, zweimal Schwimmen, zweimal Gym, einmal Radfahren, Marshmallows und deren Freunde nur am Wochenende, mindestens zweimal pro Woche kein Alkohol, täglich wenigstens zwei Liter Wasser.

Ich wiederhole meine Frage: „Zu wieviel Prozent wirst du dich ausnahmslos daran halten?" Diesmal etwas nachdenklicher, aber unvorsichtigerweise mit erfolgsbewusstem Lächeln: „Zu neunzig Prozent!" Das reicht mir leider nicht. Also das Ganze nochmal von vorne.

Wirklich? Ja! Wie lange? Bis da hundert Prozent steht! Wenn die allerdings erst dann da stehen, wenn der Plan so aussieht: einmal pro Woche je nach Lust Laufen, Schwimmen oder Radfahren, zweimal pro Monat keine Süßigkeiten, Bier ist eigentlich kein Alkohol, und die Erkenntnis Platz gewinnt „Wenn der liebe Gott gewollt hätte, dass wir Wasser trinken, hätte er nicht soviel davon versalzen" . . . dann wird das Ziel eingestampft und gegen etwas Realistischeres ausgetauscht. Vielleicht „Ums-Haus-Laufen" statt „Ironman".

Verstehen Sie, es geht nicht darum, dass es wirklich Tage oder Wochen geben kann und wird, an denen nicht hundert Prozent des Geplanten umgesetzt werden können. Wenn aber die zehn oder fünfundzwanzig Prozent Nichtumsetzung indirekt schon geplant, die Ausreden sozusagen vorprogrammiert sind und neben den Chips griffbereit auf der Couch liegen ~ dann wird das nichts! Dann sind Frust und Misserfolg ebenso vorprogrammiert! Erst wenn Ihnen in Ihren kühnsten Träumen nichts mehr einfällt, was Sie daran hindern kann, Ihrem jeweiligen Plan zu folgen, oder Sie zumindest einen Plan B für Unvorhergesehenes haben, ist es sinnvoll, Ihr Vorhaben überhaupt erst zu starten.

Was immer Sie also als Nächstes planen für Ihren Körper oder Ihre Seele, Ihr Wissen oder Ihre Fähigkeiten, Ihre Beziehung oder Ihren Job ~ finden Sie den Coach in sich. Lassen Sie seine Fragen zu. Antworten Sie ehrlich. Und wenn Sie bei hundert Prozent sind – legen Sie los!

Dann wird's auch klappen.

30

Wer nichts weiß, muss alles glauben

er nichts
eiß, muss
lles glauben

30

Sie blättern in einer Zeitschrift ~ sagen wir irgendwas mit Lifestyle ~ schöne Bilder, gute Artikel und plötzlich ein Reisebericht. Genau genommen der Bericht eines Journalisten, der über ein Hotel berichtet, irgendwo im Süden ~ fantastische Bilder vom Garten und der Poollandschaft, dem mit asiatischem Flair gestalteten Wellnessbereich mit Hot-Stone-Massage direkt am Strand und dem atemberaubenden Blick aufs Meer. Der Autor nimmt Sie über mehrere Seiten mit auf eine Reise durch die kulinarischen Genüsse und Gaumenfreuden, die unter Palmen am Strand verbrachten unvergesslichen Stunden, die sowohl rauschenden als auch berauschenden Feste abends an der Bar und die bezaubernde Gastfreundschaft all der stillen und beinahe unsichtbaren Kräfte, die einem den Aufenthalt so gestalten, als wäre dort wirklich das Paradies. Noch ganz im Bann dieses Berichtes entscheiden Sie spontan ~ dorthin geht der nächste Urlaub! Und vielleicht gehen Sie sogar schon am nächsten Tag ins Reisebüro ~ eine Woche „runterkommen" tut Ihnen ohnehin ganz gut und wenn es dort so schön ist . . . !

Eine Frage: wenn unter diesem Bericht gestanden wäre „Anzeige" – hätten Sie dann auch alles für bare Münze genommen? Vermutlich nicht. Vermutlich hätten Sie sich gesagt – naja, was sollen die denn anderes über sich selbst schreiben und vielleicht wäre Ihnen auch der riesige Strommasten hinter der Strandvilla aufgefallen oder dass die Poollandschaft mit einem extremen

Weitwinkelformat fotografiert und damit künstlich beträchtlich vergrößert wurde. Aber nein, keine Sorge, es war wirklich ein Bericht eines erfahrenen Journalisten.

Allerdings ~ nur mal so, um das Thema abzurunden ~ ich kenne Journalisten, die Hotels anschreiben . . . ~ oder nein, ich frage Sie besser: Mal angenommen, Sie würden Journalisten kennen, die Hotels anschreiben und das Management informieren, dass sie gerne einen ausführlichen Bericht über dieses Hotel bringen würden, ihre Redaktion ihnen aber leider nicht das dafür nötige Budget zur Verfügung stellt und ob das Hotel denn irgendeine Idee hätte? Mal angenommen, Sie würden erfahren, dass dieser Journalist dann ein Flugticket erhält, selbstverständlich auch für die Fotografin, die sich nur zufälligerweise als zwar vom Journalisten häufig, leider aber auch von fotografischer Unfähigkeit geküsste Lebensgefährtin desselben herausstellt, die beiden überdies, und wirklich nur weil alles andere ausgebucht war, auf Hotelkosten die Luxury-Beach-Pool-Villa mit all-inclusive Service bewohnen und selbstverständlich unentgeltlich zu allen In- und Outdooraktivitäten eingeladen sind.

Gut, das Argument „Was soll der denn jetzt anderes schreiben?" gilt hier natürlich auch. Aber fühlt es sich auch genauso an? Fühlt es sich nicht ein bisschen nach „hinters Licht geführt werden" an? Hängt da nicht irgendwie der schwefelige Geruch der Unehrlichkeit und des „Für-dumm-verkauft-Werdens" im Raum?

Sie wissen genau, was ich meine, oder? Da hatte halt das Eigeninteresse Vorrang. Wie heißt es so schön – das Hemd ist eben näher als der Rock. Sollen wir das jetzt verteufeln? Nein, das lohnt sich nicht, glauben Sie mir. Also resignieren? Nein, auf keinen Fall! Reagieren!

Persönlichkeitsentwicklung ist etwas, das beim Denken beginnt und damit endet, was und woran Sie sich entschlossen haben zu glauben. Und das entscheidende Wort heißt hier: entschlossen! Denn entschlossen sein kommt von innen, es ist eine freie Entscheidung, es bedeutet Aktivität – aktiv zu überlegen: „Was von dem, was man mir erzählt, will ich glauben?" Es bedeutet, den von schönen Bildern und Reden, von subtilen In- und Desinformationen eingelullten Verstand auszupacken, einzuschalten und damit das zu tun, wodurch sich die meist schwer überschätzte sogenannte „Krone der Schöpfung" von der „einfachen Kreatur" unterscheidet – Denken!

Beispielsweise darüber nachzudenken – mehr noch, sich wirklich bewusst zu machen, dass so gut wie jede Information, die Sie bekommen, zielgerichtet ist. Irgendjemand hat immer einen Grund dafür. Als die Vogelgrippe mediengestützt als Pandemie durchs Land schwappte – an der bis heute – und jetzt halten Sie sich fest – 371 Personen weltweit gestorben sind, also weit weniger als an einer durchschnittlichen Herbstgrippe in jedem mitteleuropäischen Land – wer, glauben Sie, hat Milliarden mit dieser

Panikmache verdient? Wenn Ihnen das IOC erzählt, dass alles mit rechten Dingen zugegangen ist, als man dem Präsidenten eines Landes, in dem Korruption ungefähr so selten ist wie Eis in der Antarktis, die olympischen Winterspiele für einen Sommerkur- und Badeort ohne jegliche Infrastruktur zusagte, dann dürfen Sie sich zu Recht fragen, was manche Menschen unter der Formulierung „mit rechten Dingen" verstehen. Wenn Ihnen ein Unternehmen erzählt, dass das Wichtigste, das Allerwichtigste, das einzig wirklich Essentielle die Mitarbeiter sind, und dann in der ersten Krise komischerweise nicht Maschinen oder Cheflimousinen, sondern eben diese Mitarbeiter verabschiedet werden, welches Interesse steckt dann hinter solchen Aussagen?

Das eigentlich Schlimme und gleichermaßen gefährlich wie Traurige ist, dass wir es so gewohnt sind, Unwahrheiten von Kindheit an kredenzt zu bekommen, dass wir uns ab- und manche gar nie angewöhnt haben zu hinterfragen: „Kann das wirklich sein? Wer will mir da gerade was verkaufen?"

Wir lachen darüber, dass in Russland der Großteil der Bevölkerung tatsächlich dem Credo des Chefideologen der russisch-orthodoxen Kirche folgend glaubt, dass Homosexualität etwas mit Kindheitserlebnissen, Krankheit oder falscher Erziehung zu tun hat und bekämpft und behandelt werden muss. Wir ärgern oder amüsieren uns über die Einfältigkeit und Obrigkeitsgläubigkeit der Menschen in diesem Lande. Wir wundern uns darüber, wie so etwas in Zeiten der Aufklärung und des Internet überhaupt noch möglich ist ~ während wir selbst ganz selbstverständlich vom 24. auf den 25. Dezember Weihnachten, also Christi Geburt, feiern – ein Datum, das Papst Hippolytos 217 n. Christus marketingtechnisch perfekt den Heiden und konkurrierenden Religionen entwendet und umfunktioniert hat, weil das vor 2000 Jahren der Tag der Wintersonnwende war ~ ein Festtag also, der bereits seit Jahrtausenden gefeiert wurde und plötzlich als Geburtstag Jesus' herhalten musste. Glauben Sie ernsthaft, ein guter Christ würde vom Glauben abfallen, wenn es das Weihnachtsmärchen nicht gäbe?

Ob Großkonzerne, Politiker oder Journalisten, ob im Sport oder allen anderen Bereichen, wo es um Anhänger geht und Macht und Geld im Spiel sind ~ jede Information hat einen Grund und einen Hintergrund. Und es geht hier keineswegs darum, ob das nicht auch manchmal schöne und liebenswerte, gut gemeinte oder sogar selbstlose Gründe sein können – und auch die gibt es zweifelsohne – es geht um etwas anderes: es geht um Sie!

Es geht um Ihre geistige Freiheit und damit um Ihr höchstes Gut. Darum, sich nicht instrumentalisieren zu lassen. Darum, Ihre eigene, vielleicht manchmal auch unbequeme Meinung zu haben ~ aber nicht aufgebaut auf Dogmen, Ideologien und vorgekautem Gedankengut, dessen Absender wir oft gar nicht kennen, ganz zu schweigen von dessen Absichten ~ sondern aufgebaut auf Nachdenken! Aber dann ist es Ihre Meinung, Ihr Denken – und das müssen Sie zukünftig auch nicht verteidigen wie den heiligen Gral, sondern können es bei neuem Informationsstand adaptieren, anpassen, verändern oder auch ganz über den Haufen werfen. Es gehört Ihnen – ganz allein! Sie sind frei zu denken, was Sie wollen! Das macht nicht nur Spaß – es macht das Leben auch spannender und abwechslungsreicher und freier! Ganz im Sinne der Aussage Konrad Adenauers: „Was interessiert mich mein Geschwätz von gestern, wer soll mich daran hindern, täglich klüger zu werden?"

Persönlichkeitsentwicklung beginnt beim Denken und endet damit, was und woran Sie sich entschlossen haben zu glauben. Und das, was Sie glauben, bildet die Grundlage all Ihrer zukünftigen Gedanken und damit das entscheidende Fundament für Ihren ganzheitlichen Erfolg. Dafür, ob Sie ihn haben werden oder nicht!

Wenn das nächste Mal jemand zu Ihnen sagt „Ach, glaub doch was du willst" ~ schmunzeln Sie und freuen Sie sich ~ der andere wird vielleicht nie erfahren, wie nahe er der Wahrheit gekommen ist.

31

Freiheit

Frei-
heit

31

Stellen Sie sich sich selbst in einem hohen Alter vor ~ erfahren, hoffentlich glücklich und vielleicht sogar weise. Sie sitzen auf Ihrer Veranda, die Sonne scheint und zu Ihren Füßen tummeln sich jede Menge Kinder. Ihre Enkel könnten dabei sein, jedenfalls die Nachbarskinder und auch einige Mädchen und Jungs aus der Gegend. Sie sind da, um Ihnen zuzuhören, um die Geschichten zu hören, die Sie ihnen erzählen. Aber es sind keine Märchen, die Sie aus einem Buch vorlesen ~ es sind viel aufregendere und viel lustigere, viel erstaunlichere und viel überraschendere Geschichten, die Sie da erzählen. Geschichten, die zum Lachen animieren, zum Nachdenken, zum Staunen und zum Nachahmen ~ es sind die Geschichten Ihres Lebens. Und die Kinder lieben diese Geschichten, denn sie zeigen ihnen, was man im Leben alles erleben und erreichen kann, wenn man seine Freiheiten nutzt.

Wir verfügen über Freiheiten, wie sie keine Generation vor uns je hatte und die selbst heute den meisten Menschen auf der Welt vorenthalten bleiben. Diese Freiheiten zu nutzen ist viel weniger eine schwer zu erlernende Kunst, als eine täglich zu treffende Entscheidung. Der große irische Nobelpreisträger George Bernard Shaw erkannte allerdings bereits vor hundert Jahren, dass Freiheit auch Verantwortung bedeutet, und die meisten Menschen sich deshalb vor ihr fürchten und sie nicht nutzen.

Von welchen Freiheiten spreche ich? Allen voran die Freiheit zu wissen. Wenn Sie vor nicht all zu langer Zeit Ihr Wissen hätten erweitern wollen, hätten Sie viel Geld benötigt, um sich teure ledergebundene Bücher zu kaufen, Latein beherrschen oder zumindest dem Klerus angehören müssen. Und selbst dann wäre alles, was Sie zu lesen erhalten hätten, vorher staatlich oder kirchlich zensiert worden. Heute hingegen sind wir erstmals in der Geschichte unseres Planeten in einer einzigartigen Situation.

Wissen ist frei zugänglich geworden. Jeder, ob arm oder reich, kann sich heute in ein Internetcafé setzen und sich alles Wissen dieser Welt kostenlos herunterladen – von der Enzyclopedia Britannica bis zum Vanillekipferlrezept. Das bedeutet allerdings auch noch etwas anderes: Die Ausrede „Woher soll ich das wissen?“ gilt zukünftig nicht mehr. Jeder hat die Möglichkeit, sich all das Wissen zu beschaffen, das ihn weiterbringt, erfolgreicher oder einfach zufriedener macht – und das Mitleid wird sich in Grenzen halten für diejenigen, die das nicht tun und jammern.

Wir haben die Freiheit zu gehen, wohin wir gehen wollen. Wenn Sie der Meinung sind, Sie hätten mehr private oder berufliche Chancen, wenn Sie von der Stadt aufs Land ziehen würden oder umgekehrt, von Österreich nach Deutschland oder von dort nach Italien, in eine reichere Stadt oder in eine sonnigere Gegend – wer soll Sie denn aufhalten? Die meisten Grenzen sind gefallen und arbeiten und leben ist fast überall möglich geworden. Die Ausrede „Wenn ich dort leben würde, dann …“ hat ihre Berechtigung verloren. Die Welt wächst immer mehr zusammen. Sie kennenzulernen und das zu nützen, ist nicht mehr Diplomatenkindern vorbehalten. Keiner muss in dem Dorf bleiben, in dem er aufgewachsen ist! Jeder kann dort hingehen, wohin er will ~ und das Mitleid wird sich in Grenzen halten für diejenigen, die nirgends hingehen und jammern.

Wir haben die Freiheit zu tun, was immer uns Freude bereitet. Die Zeiten sind hierzulande vorbei, wo die Söhne ungefragt automatisch das Unternehmen des Vaters zu übernehmen hatten ~ und dort, wo es zwangsweise doch noch passiert, verblühen oft Unternehmen in zweiter Generation wie Maiglöckchen im Juli. Gerade diese Freiheit ist so vielen noch gar nicht bewusst geworden: Während die Universitäten jährlich ihre Angebote erweitern, studieren mehr als die Hälfte der Kinder von Medizinern Medizin, von Juristen Jura. Als gäbe es kein anderes Studium und keinen anderen Beruf. Und auch hier wird sich zukünftig das Mitleid in Grenzen halten mit denjenigen, die nicht das tun, wohin ihr Herz sie führt, weil sie Erwartungshaltungen erfüllen wollen oder einfach zu bequem sind und stattdessen jammern.

Wir haben die Freiheit zu sein, wer oder was auch immer wir sein wollen. Die Freiheit, uns eine andere Konfession oder gar keine auszusuchen, wenn uns die eigene nicht mehr befriedigt, die Freiheit unser Familienleben und unsere Sexualität zu gestalten und auszuleben wie es unseren Gefühlen entspricht und auch die Freiheit politisch zu stehen, wo wir wollen ~ unabhängig von elterlicher Prägung. Die Ausrede „Ich bin halt so“ hat ihre Basis verloren. Wenn Ihnen das, was Sie sind, nicht gefällt, ändern Sie's! Wenn nicht, ist es Ihre Entscheidung, jeden Tag so zu bleiben wie Sie eben sind ~ und dann wird sich das Mitleid in Grenzen halten, wenn Sie nichts daran ändern und jammern.

Und zu guter Letzt haben wir die Freiheit glücklich zu sein. Die Freiheit, um die sich so viele bringen, weil sie glauben, wenn dies oder jenes in ihrem Leben noch besser, noch perfekter oder doch endlich überhaupt da wäre, würde sie das glücklich machen. Aber das ist nur ein weitverbreiteter Aberglaube. Sind Sie schon einmal vor einem Sonnenuntergang gestanden und waren einfach nur glücklich? Ohne Nachzudenken, einfach nur so? Oder haben Sie sich gedacht, das sieht zwar schön aus, aber glücklich wäre ich, wenn die Sonne drei Meter weiter rechts unterginge und die eine Wolke etwas höher stünde?

Sehen Sie ~ Sie konnten es ja und Sie können es auch heute. Auch ohne Bilderbuch-Sonnenuntergang. Arbeiten Sie an Ihren Zielen und Träumen ~ damit Sie sie auch sicher in naher Zukunft erreichen, dafür wurde dieses Buch geschrieben ~ glücklich sein können Sie allerdings jetzt schon!

Wann immer Sie also zukünftig vor einer Entscheidung stehen, was Sie tun, in Angriff nehmen oder sich trauen sollen, entscheiden Sie sich für die Sache, die den besseren, den spannenderen und vielleicht auch den amüsanteren Stoff zum Nacherzählen ergibt.

Zum Nacherzählen auf der Veranda, wenn die Kinder zu Ihren Füßen sitzen und gebannt Ihren Geschichten lauschen. Den Geschichten, wie Sie Ihre Freiheit genutzt haben.

I have a dream ...

... kaum eine Rede auf dieser Welt hat das Denken der Menschen so verändert wie jene, die Martin Luther King am 28. August 1963 vor dem Lincoln Memorial in Washington, D.C. hielt – „I have a dream". Vieles, was hinter diesen einfachen vier Worten stand, wurde seither Wirklichkeit.

Ich bin nicht Martin Luther King ~ aber einen Traum habe ich auch ~ und mit Ihnen gemeinsam lässt er sich verwirklichen.

Wie? ~ Nun ~ dieses Buch wurde geschrieben um aufzuzeigen, welches Wissen über unser Gehirn und welche Art zu denken notwendig sind, um ganzheitlich erfolgreich zu sein. Und jetzt stellen Sie sich einmal vor, dass dieses Wissen und dieses Denken nicht einigen Wenigen vorbehalten bleibt, sondern immer mehr und mehr Menschen zur Verfügung steht. Meinen Sie nicht auch, dass sich dann vieles zum Positiven verändern würde?

… und damit sind wir bei meinem ganz persönlichen „I have a dream", der allerdings wie bei Martin Luther King nur gemeinsam zu schaffen ist:

erstens ~ Sie haben „31 … Erfolg ist kein Geheimnis" jetzt einmal durchgelesen – aber damit Sie selbst auch wirklich langfristige positive Veränderungen spüren, fangen Sie morgen gleich wieder bei der ersten Geschichte an. Ich weiß, Sie brauchen das nicht ~ aber Ihr Gehirn braucht das …

zweitens ~ wenn Sie aufgrund dieses Buches die ersten Veränderungen bei sich und in Ihrem Leben wahrnehmen – unabhängig davon, ob sie beruflicher, persönlicher oder gesundheitlicher Natur sind – lassen Sie es mich wissen …

und drittens ~ wenn „31 …" Sie inspiriert hat und Sie der Meinung sind, dass es auch andere Menschen bereichern würde, eine Bitte ~ schenken Sie es an mindestens 3 Personen weiter, die so wie Sie Lust daran haben, sich selbst immer wieder neu zu entdecken und zu erschaffen!

Und wer weiß ~ vielleicht klingt es vermessen ~ aber wenn eine Rede auf dieser Welt Großes bewirken kann, warum sollte es dann nicht auch einem Buch gelingen!

Autor

Gregor Heiss

„In der modernen Hirnforschung wurden in den letzten Jahren bahnbrechende Entdeckungen gemacht. Die sogenannte Plastizität des menschlichen Gehirns bedeutet, dass die Art und Weise, wie ein Mensch denkt, ausschlaggebend dafür ist, welche Nervenzellen sich in seinem Gehirn verschalten und welche Verbindungen stabilisiert oder aufgelöst werden. Damit konnte erstmals wissenschaftlich ein direkter Zusammenhang zwischen Denken, Erfolg und Gesundheit nachgewiesen werden. Die Möglichkeiten, die sich daraus für jeden einzelnen ergeben, sind faszinierend – aufregend, herausfordernd und spannend.“

Gregor Heiss gilt als einer, der Menschen bewegt. Und als einer, der sein Handwerk versteht. Er schult und trainiert Kernthemen wie Kommunikation und Zielerreichung, Selbstmotivation, Erfolgsintelligenz und Führung, Charisma, Gesundheit durch richtiges Denken, Neurovisuelles Programmieren, Einstellung und Ausstrahlung.

Gregor Heiss ist eine Ausnahmeerscheinung unter den Leadership-Trainern. Kein anderer Referent versteht es mit solcher Leichtigkeit, derart fundiertes Wissen über das Gehirn und neurologische Zusammenhänge auf die alltäglichen Auswirkungen unseres Denkens und Handelns zu übertragen. Mit einem Feuerwerk an Informationen, unterhaltsam und tiefgründig zugleich, stets auf dem neuesten Stand wissenschaftlicher Erkenntnisse und enorm praxisnah, vergehen seine Seminare im Zeitraffer und entsenden die Teilnehmer in einer Aufbruchstimmung mit neuem und klar strukturiertem Wissen für die kommenden Herausforderungen.

Seine Erfahrung hat Gregor Heiss über Jahrzehnte gesammelt. Er studierte Wirtschaftswissenschaften an den Universitäten von Innsbruck und New Orleans, feierte Erfolge als Unternehmensberater, später als Unternehmer, Coach, und Troubleshooter und entwickelte mit Neurotronic ein eigenes Erfolgssystem.

Seit über 20 Jahren beschäftigt er sich mit Erfolgsphilosophien, Persönlichkeitsentwicklung und dem Aufbau mentaler Stärke. Heute ist er international als Trainer für Dax-Unternehmen, Finanzkonzerne, Sportler, Mediziner u. v. m. tätig.

Sie haben „31...Erfolg ist kein Geheimnis" gerade ein Mal gelesen und Sie wollen jetzt nicht einfach nur weiterlesen? Sie haben Lust auf mehr? Darauf, das Gelesene zu vertiefen und mit gleichgesinnten Menschen zu erleben? In diesem Fall sind die Seminarserien „Heiss auf Erfolg" und „Heiss auf Gesundheit" die Antwort für Sie!

Lassen Sie sich von den Inhalten und Feedbacks auf den folgenden Seiten inspirieren und dann freue ich mich darauf, Sie beim nächsten Start einer der Module persönlich kennenzulernen!

Heiss auf Erfolg

Erfolg zu haben ist weder eine Frage der Gene, noch von Glück oder Pech.

Erfolgreiche Menschen sind erfolgreich, weil sie richtig *Denken* und dananch *Handeln*. Sie wissen, dass man beides erlernen kann. Und sie wissen auch, dass sie niemals genügend Zeit aufbringen können, um alles aus eigener Erfahrung zu lernen.

Deshalb greifen sie in ihrem *Denken* und *Handeln* auf das Wissen von Experten zurück.

Seminarmodule

I. Kommunikation im Management & Führung I
II. Motivation und Selbstmotivation
III. Intelligenter arbeiten, statt härter
IV. Zeit- & Selbstmanagement und Führung II
V. Erfolgreich denken – Outdoor-Seminar
VI. Erfolg durch Außergewöhnlichkeit
VII. Adler jagen keine Fliegen

Specials

- Präsentainment: Die Kunst zu präsentieren und zu überzeugen
- Präsentainment II: Mitreißen – Begeistern – Bewirken
- Partnerseminar

Die jeweils 3-tägigen einzelnen Module sind in sich geschlossen, bauen jedoch aufeinander auf, greifen ineinander und führen so nicht zu kurzfristigen aktionistischen Maßnahmen, sondern zu einer tatsächlichen langfristigen Entwicklung der Teilnehmer.

Selbstverständlich können die Seminare von Unternehmen auch exklusiv und/oder einzeln gebucht werden bzw. bei selektivem Bedarf auf die Anforderungen Ihres Unternehmens individuell zugeschnitten werden.

Alle Informationen zu den Terminen, Preise und Anmeldung finden Sie auf **www.gregorheiss.com** und **www.business-bestseller.com**.

Was begeisterte Seminar-Teilnehmer über „HEISS auf Erfolg“ sagen

„Es ist eindrücklich, wie stark Sie die Teilnehmer berühren, bewegen und entwickeln, und welche Energie von Ihnen persönlich ausgeht. Herr Egli ist zum Beispiel aus dem letzten Seminar nach Hause ‚geflogen‘, wohl bemerkt in seinem Auto … Danke, dass wir mit Ihnen einen so genialen Coach in der Management-Akademie haben.“

Remo Weibel, Geschäftsleitung, Schweiz

„Ich habe den Mut und das Wissen bekommen, mich selbst zu steuern und über meine Grenzen zu gehen.“

Susanne Neundlinger, Unternehmerin, Österreich

„Mr. Heiss presented a superb course, far beyond my expectations. This is a course I have learnt from considerably, and I can see why Mr. Heiss is held in such a high esteem.“

Mark Kay, Unternehmer, Großbritannien

„An Ihren Plan gegen meine Apfelallergie habe ich mich 6 Wochen mit absoluter Genauigkeit gehalten. Fazit: Nach 26 Jahren habe ich letzte Woche meinen ersten Apfel gegessen. Sie können sich nicht vorstellen, was das für ein Gefühl war! Ich bin Ihnen sehr dankbar, dass Sie mir dieses Stück Lebensqualität zurückgegeben haben!“

Jörg Sahlig, Selbstständig, Deutschland

„Fast jeder Mensch hat ein Navigationsgerät in seinem Auto, nur für das eigene Leben findet man selten eines. Heiss auf Erfolg ist genau dieses Navigationsgerät!“

Sabine Meier-Bühler, Unternehmerin, Schweiz

„Meine Erwartungen wurden haushoch übertroffen!“

Dr. Kai K. Stoffel, Geschäftsführer, Österreich

„Les séminaires de M. Heiss sont juste fantastiques et on en ressort toujours avec 200% d'énergie.“

Christian Chablais, Manager, Franz. Schweiz

„Sie haben bei uns Spuren hinterlassen, große SPUREN!
Noch nie habe ich so eindeutig ausschließlich positive Feedbacks nach einem Seminar erhalten.“

Raymund Egli, Direktor, Schweiz

„Wenn man die Werkzeuge, die einem Gregor Heiss in die Hand gibt, aktiv benutzt, dann wird sich das Leben mit Sicherheit ändern – und zwar zum Positiven.“

Beate Opperer-Pfleiderer, Unternehmerin, Österreich

„Ihr ganzes Seminar war mehr als beeindruckend! Alle habe ich schon gesehen, Brian Tracy, Anthony Robbins, aber noch nie habe ich so unglaublich viel gelernt und im Anschluss auch umgesetzt.“

Sandro Trovato, Unternehmer, Schweiz

„Genial – unglaublich – nicht mit Worten zu beschreiben – einfach: Einzigartig!!! Dieses Seminar ist mit nichts zu vergleichen und durch nichts zu ersetzen, was in menschlicher Vorstellungskraft liegt.“

Stefan Löffelsieder, Selbstständig, Deutschland

Videos mit Teilnehmerstimmen finden Sie auf: gregorheiss.live

Heiss auf Gesund

Heiss auf Gesundheit

Ein körperliches und mentales „What To Do" für mehr Energie, mentale Stärke, Ausstrahlung, Fitness, Wohlbefinden, Spaß und Zufriedenheit!

Wir wissen heute, dass der Ausgangspunkt der meisten Krankheiten, ebenso wie der für deren Heilung, in unserem Kopf liegt. In der Praxis bedeutet das, dass sich unser Gehirn darum kümmern kann, uns sowohl Gesundheit als auch Krankheit zu bescheren – und zwar nicht aufgrund genetischer Festlegung, sondern aufgrund der Art und Weise, wie wir es benutzen!

Nach „Heiss auf Gesundheit" werden Sie Ihr Leben und Ihren Körper mit anderen Augen sehen ...
... und Sie werden die Antworten kennen und umsetzen können auf Fragen wie:

- Welche Selbstheilungskräfte besitzen Körper und Gehirn?
- Was bewirkt Stress in unserem Körper?
  Was sind klassische Stressfaktoren?
  Wie kann ich diese beseitigen?
- Wie können bestimmte Gedanken direkten Einfluss auf unser Immunsystem haben und damit auf die wichtigste Schaltzentrale in unserem Körper, die über Gesundheit oder Krankheit entscheidet?
- Wie beeinflusst Sprache unsere Gesundheit?
- Was passiert im Körper bei einem Burnout? Wie lässt sich das verhindern?
- Brainfood – wie Nahrung unser Gehirn und unsere Hormone beeinflusst und damit unsere Stimmung und Ausstrahlung bestimmt.
- „Sich selbst gesund denken" – Aberglaube oder einfache Physik?
- Vom Anti- zum Happy-Aging – wie erhalte ich mir spielerisch geistige und körperliche Fitness bis ins hohe Alter?
- Nie wieder krank – vom emotionalen Wunschtraum zu gelebter Realität.

- Was genau geschieht in unserem Körper, wenn wir denken?
- Alzheimer – nein danke! Demenz ist kein Schicksal!
- Lebensmittelunverträglichkeit – wozu soll das gut sein?

... und dann geschieht Faszinierendes:

- Es gibt keinen Stress mehr
- Allergiker verabschieden sich für immer von ihren Allergien
- Schlafen wie auf Wolken – aufwachen – Bäume ausreißen!
- Migräne- und Kopfschmerz-Anfällige können angstfrei planen und in den Tag starten
- Das Risiko für Herzinfarkt und Schlaganfall sinkt massiv
- Teilnehmer, die zwar älter werden – aber sich nicht älter fühlen, nicht so aussehen, sich jung bewegen, handeln, lieben

Teilnehmerstimmen:

„Dieses Wissen gehört in jede Grundschule, jede Ausbildung, jede Universität. Und es würde uns Milliarden an Gesundheitskosten ersparen."

Klaus Gerlach, Unternehmer

„Bis zu ‚Heiss auf Gesundheit' dachte ich immer, ich wüsste genug über gesunde Ernährung. Wenn ich jetzt zurückschaue, hatte ich keine Ahnung!"

Mag. Maria Schubert, Designerin

„Wirklich zu verstehen, wie Gedanken direkt auf meine Gesundheit und sogar auf meine Lebenserwartung einwirken, war eine der faszinierendsten Erfahrungen meines Lebens."

Magdalena Schäfer M.A., Lebensmitteltechnikerin

„Dieses Seminar ist ein ‚Muss' für jeden, dem seine Gesundheit am Herzen liegt."

Angelika Mertens, Personal Trainerin

„Ich beschäftige mich jetzt seit über 15 Jahren mit dem Thema Gesundheit, aber zum ersten Mal habe ich wirklich alle Zusammenhänge verstanden!"

Dr. rer. nat. Christian Sulder

„Am meisten beeindruckt hat mich der Part ‚Vom Junkfood zum Brainfood' und wie beinahe trivial es ist – das nötige Wissen vorausgesetzt – meine Gefühle, meine Stimmung und damit meine Wirkung auf andere nur durch richtiges Essen zu steuern."

Dr. med. Bettina Klostermann

Gratis-Hörbuch zum Buch downloaden!

Mit diesem individuellen **8-stelligen Gutschein-Code**
erhalten Sie das Hörbuch zu diesem Buch gratis!

239B-AK56

In 3 Schritten zu Ihrem Gratis-Hörbuch:

▶▶ 1. Webseite **www.business-bestseller.com/31-audio** aufrufen

▶▶ 2. Ihre E-Mail-Adresse und Ihren 8-stelligen Gutschein-Code eintragen

▶▶ 3. E-Mail-Eingang prüfen, Bestätigungs-E-Mail anklicken und Hörbuch gratis als mp3 downloaden

Bei Fragen oder falls Sie Hilfe benötigen, helfen wir Ihnen gerne per E-Mail weiter: **support@business-bestseller.com**

Viel Freude mit Ihrem Buch und Hörbuch von
31 – Erfolg ist kein Geheimnis!